基金项目：江苏省高校哲学社会科学研究专题项目"复杂系统理论视域卜高职院校'思政课程'实施路径研究"（项目编号：2018SJSZ239）；中国高等教育学会职业技术教育分会2018年度培育课题"新时代高职院校'思政课程'的研究与实践"

现代高校管理与辅导员工作
精细化研究

徐 悦 著

北京工业大学出版社

图书在版编目（CIP）数据

现代高校管理与辅导员工作精细化研究 ／ 徐悦著
. — 北京 ：北京工业大学出版社，2020.12（2021.11 重印）
ISBN 978-7-5639-7752-9

Ⅰ．①现… Ⅱ．①徐… Ⅲ．①高校管理－精细化－研
究②高等学校－辅导员－工作－精细化－研究 Ⅳ.
① G647 ② G645.1

中国版本图书馆 CIP 数据核字（2020）第 247614 号

现代高校管理与辅导员工作精细化研究
XIANDAI GAOXIAO GUANLI YU FUDAOYUAN GONGZUO JINGXIHUA YANJIU

著　　者：徐　悦
责任编辑：任军锋
封面设计：点墨轩阁
出版发行：北京工业大学出版社
　　　　　　（北京市朝阳区平乐园 100 号　邮编：100124）
　　　　　　010-67391722（传真）　　bgdcbs@sina.com
经销单位：全国各地新华书店
承印单位：三河市明华印务有限公司
开　　本：710 毫米 ×1000 毫米　1/16
印　　张：11.5
字　　数：230 千字
版　　次：2020 年 12 月第 1 版
印　　次：2021 年 11 月第 2 次印刷
标准书号：ISBN 978-7-5639-7752-9
定　　价：45.00 元

作者简介

　　徐悦，女，1980年6月出生，无锡职业技术学院教育管理专业副研究员，江南大学硕士学位，主要研究方向：高校教育管理。近年来主讲"积极心理学""大学生职业生涯规划""职场策略"等课程；以第一作者在《机械职业教育》《南京工业职业技术学院学报》等省级以上期刊发表论文8篇，其中在北大核心期刊发表论文1篇；参与编写教材2部；参与省级以上课题3项；主持实用新型专利4项。

前　言

随着经济的发展，科技的不断创新，我国的综合国力有了很大的提升，综合国力的提升引领了一个新的时代，越来越多的学生得以进入高校学习，这是高校教育的重大变化，但同时也为高校学生管理工作带来了挑战。

高校辅导员有着双重身份，既是教师又是干部，作为高校一线工作者，面对事无巨细的复杂工作，他们也会遇到瓶颈，要想做好学生管理工作，还得需要在日常工作中不断总结、反思，最终形成一套系统的工作方式，使得高校学生管理工作更得当。

全书共八章。第一章为绪论，主要阐述了现代高校管理的地位、现代高校管理的思想、新媒体视阈下的高校管理工作等内容；第二章为现代高校管理的现状，主要内容为高校教学管理现状分析、高校学生管理现状分析、高校科研管理现状分析、高校财务管理现状分析以及高校后勤管理现状分析等；第三章为现代高校教学管理探析，主要阐述了教学管理与高校教学管理、高校教学计划与运行管理以及高校教学管理信息化延伸发展等内容；第四章为现代高校学生管理探析，主要阐述了高校学生管理相关理论、高校学生管理的制度变革以及高校学生管理工作改进的对策等内容；第五章为现代高校科研管理探析，主要阐述了高校科研管理的主体与客体以及高校科研管理创新机制等内容；第六章为现代高校财务管理探析，主要阐述了高校财务管理的环境与目标、高校财务管理的基本理论以及高校财务管理工作改进的对策等内容；第七章为现代高校后勤管理探析，主要阐述了高校后勤管理的历史沿革、高校后勤管理的基本理论以及高校后勤管理队伍建设对策等内容；第八章为辅导员管理工作精细化探析，主要内容为高校辅导员的角色功能、高校辅导员的素质要求、高校辅导员工作精细化理解以及高校辅导员自身能力保障精细化探析等。

为了确保研究内容的丰富性和多样性，笔者在写作过程中参考了大量理论与研究文献，在此向涉及的专家学者表示衷心的感谢。

最后，限于笔者水平，加之时间仓促，本书难免存在一些疏漏之处，在此，恳请读者朋友批评指正！

目　录

第一章 绪 论

高校学生是新时代中国的血液，也是中国未来的希望。要想使高校学生更好地满足现代发展需求，就需要对高校管理工作的开展给予高度的重视。目前，高校管理工作中存在管理观念落后、管理模式单调片面、高校管理队伍素质参差不齐、学生的教学与管理不统一等问题，因此需要对其进行分析，提出有效的完善对策，以期更好地提高现代高校管理工作效率。本章分为现代高校管理的地位、现代高校管理的思想、新媒体视阈下的高校管理工作三部分，主要内容包括高校管理面临的形势、管理在高校中的地位和作用、现代教育思想的主要表现等方面。

第一节 现代高校管理的地位

一、高校管理面临的形势

高等教育是社会中发展最快、也是最为复杂的社会事业之一。在社会经济、政治、文化、科技等各种因素的作用下，高校管理面临着新的形势。

（一）人本管理思潮要求

高校管理说到底是对组织中的人、财、物等的管理，而其核心是对人的管理。毫无疑问，在管理活动中人是管理的主体。管理理论经历了一个从尊重人到侧重物又回到以人为本的过程。西方的管理理论起源于对"物"的管理，以孔茨等为代表的一批管理学家对人力资源管理进行了深刻的理论研究后，对人的重视才凸显出来。接着出现了人本管理思潮。人本管理是建立在美国心理学家马斯洛的"自我实现人"的人性假说基础之上的。人本管理就是"以人为本"的管理思想，是指在管理活动中把人作为管理的核心，通过非经济因素来调动人的积极性。强调"以人为本"，就是要求尊重人、关心人和培养人，使人得

1

到鼓励、受到爱护，满足人的成就感，从而使人的价值得到充分的尊重和体现，这样可以极大地激发人的积极性和创造性，为提高组织的效益提供源源不断的动力。

高校管理的管理者是人、管理对象主要是人、其"产品"也主要是人，"人"的因素尤为突出。因此，高校管理归根到底是对人的管理，这就要求高校管理必然也要"以人为本"。现代管理理论认为，人们应当在一种有助于自我激励、自我评价、自我信任的气氛中工作。高校管理也一样，学校的一切发展都离不开人，学校的发展需要全体师生员工的共同努力，教学、科研的发展需要全体师生员工的共同努力，办学水平、办学质量的提高也需要全体师生员工的共同努力。高校的成员既是管理的主体，又是管理的客体，因此高校管理应坚持以人为中心，一切管理工作都应围绕人来开展，高校管理的关键环节在于创造良好的氛围，让全体师生在快乐中学习、工作，只有这样才能充分调动教职员工和学生的主动性、积极性和创造性，充分发掘其潜能。

因此，人本管理思潮和高校管理的特殊性使得高校管理理念面临新的形势，迫切要求高校管理工作者创新工作思路，一切以人为本。

（二）科学技术的日新月异要求

从世界形势来看，以信息科学为先导的新一轮科学技术革命突飞猛进。现代科学技术，特别是信息技术的飞速发展和广泛应用，正极大地改变着高等教育，主要表现在以下两个方面：一是信息化技术的应用为高校管理效率的提高提供了契机；二是互联网提供了空前丰富的教育资源，学校教育的模式正在向开放化、网络化趋势发展，网络将成为知识的重要来源。单一的课堂—书本时代一去不复返，多元化接受知识的渠道使得学生对教师的依赖性大大降低，学生学习的自主意识大大增强。这对教学和学生管理工作提出了更高的要求。网络化、信息化使得高校管理效率大大提高，促进了高校办学质量和效益的提高。

这些革命性的变化，必然要求高校加速教学管理、人事管理、学生管理、档案管理等的创新，要高效利用计算机和网络等手段，为学校的管理工作提供强有力的助手，开拓高校管理工作者的视野，与社会取得紧密联系。让信息化为高校管理体制的改革提供崭新的技术手段，并且通过信息化建设，把信息化和高校管理体制改革相结合，促进高校管理理念、管理队伍素质和管理机构的转变，使各项管理活动更加规范、协调。

（三）师生多元化意识形态要求

高校始终站在时代的前沿，是各种意识形态聚集的地方，是对外开放的窗口和文化思潮相互激荡的阵地。高校有着民主、自由、开放的氛围，百花齐放，推陈出新。随着全球化浪潮和知识经济的到来，师生的意识形态日益多元化，这给高校管理带来了许多新的冲击和新的挑战。

一所大学的管理理念，通常通过其校训、规章、管理体制、办事程序等具体形式表现出来，它渗透于大学管理的方方面面，对整个大学的运行有着全面而深刻的影响。在这样的形势下，我们必须确立制度第一的管理思想，重视制度安排和政策设计。要用制度来管人和管事，而不是靠人来管人与管事。制度决定了人们的行为选择，在既定的制度下，人们的行为选择一般总会在制度所允许的范围内，使自己的效用最大化。制度告诉并强制人们可以做什么，不可以做什么，在制度的范围内，人们的活动具有选择自由，超出这一范围就要受到惩罚。制度是为实现设定的目标而制定的，任何一个制度和政策设计的终极目标都是要最大限度地激发人的积极性，激活各种要素。只有好的制度和政策，才能规范人们的行为，激发人们的积极性和创造性。"最好的管理是感觉不到的管理"，要规范管理，让一切管理制度化，让管理无处不在，无时不有，但要让所有的人感觉不到它的存在。因此，必须树立制度第一的管理思想，必须在管理制度和政策设计上创新，只有这样才能实现管理创新的目标，才能不断提高管理水平和管理效益。

二、管理在高校中的地位和作用

建立一流的高校，离不开先进的管理理念。管理就是根据社会的需要，通过计划、组织、决策、控制等合乎逻辑的程序，最合理地分配该组织的人力、财力、物力和信息资源，使之发挥最大的效益，以达到该组织的预期目标。管理不仅仅是经验、方法，更是从实践中提升的理性认识，是具有完整理论体系和丰富内容的科学。

高校的任何一项工作，都是通过有效的管理来完成的，工作的过程就是管理的过程。管理水平的高低，管理效益的好坏，直接决定着高校的生存和发展。管理不仅是生产要素，更是生产力。当今"全球化"浪潮加剧了国与国之间的教育竞争，知识经济的崛起将大学从社会的边缘推到了中心，高等教育的大众化趋势不可阻挡，高等学校之间对于资源的竞争日趋白热化，政府和社会对高校有了更多、更高的要求。目前我国高校正处在发展的关键时期，既要保证大众高等教育的发展，满足广大人民群众持续增长的高等教育需求，又要确保人才培养质量；既要培养现代化建设所需的高级专门人才，又要积极发展高新技术产业，促进科技成果的产业化；既要积极创新、发展知识，又要满足社会服务的需要。要发挥好高校的职能和作用，高校的管理就不能停留在经验管理的水平上，要从只靠增加数量规模、不求提高效益的发展模式，转向从内涵上挖掘潜力，提高效益。因此，就必须加强高校的管理能力，提高管理水平，完善内部层级结构和明晰职责，合理配置管理资源，重视管理制度安排和政策设计。有效的管理对激活各种办学要素、调动各方面积极性、提高办学水平和效益有重要的作用。

第二节　现代高校管理的思想

一、现代教育思想的主要表现

要把握现代教育思想首先须明确两个基本概念，即现代教育和教育思想。"现代教育是以现代生产和现代生活方式为基础，以现代科学技术和现代文化为内容，以人的现代化为目的的教育。"它根植于现代社会，指向于未来的发展。教育思想是人们对教育的认识和看法，以及由此形成的观念和主张，是处于人们意识深层的心理结构。由此推出，现代教育思想就是处于现代社会中的人们对现代教育的认识、看法及由此形成的教育观念和教育主张。

具体地说，现代教育思想主要表现在如下一些方面。

（一）终身教育思想

终身教育思想是20世纪60年代以后提出的"教育贯穿人的一生"的思想，是对传统教育思想和教育体系的重要发展。随着社会的加速发展，新的知识和信息急剧增长，人们需要不断学习来增加自己的知识含量，以适应不断变化的社会。

（二）全民教育思想

全民教育这一概念是针对教育对象提出来的，即教育对象的全民化。它包含两层意思：一是教育必须向所有公民开放；二是所有公民都有接受教育的权利且有义务接受一定程度的教育。全民教育思想强调教育权的公平和公正，是对普及教育和义务教育思想的进一步发展。

（三）民主教育思想

教育思想包括教育机会均等；师生关系的民主化；教育活动、教育方式、教育内容等的民主化。民主教育既重知识的传授又重能力的培养，注重激发受教育者的主动参与意识，从而开发受教育者主动学习的潜能，开启受教育者的多向思维。

（四）个性教育思想

个性教育思想主张受教育者在全面发展的基础上，能够充分展示自己的天赋和才能。它强调的是共性基础上个体的个性内容和个性价值，是社会生活多元化和人的生存价值多元化的要求在教育上的反映。个性教育思想要求教育思想、教育目标、办学模式、教学形式、评价标准等朝多元化方向发展。

（五）素质教育思想

素质教育思想是一个全面的、系统的现代教育思想体系。它着眼于受教育者及社会长远发展的要求，以全面提升受教育者的各种素质为根本宗旨，强调培养受教育者的创新精神和实践能力，借以推动全民族素质的提高，实现中华民族的伟大复兴。

二、正确高校现代化管理观的确立

（一）重视人文关怀

现代高校管理思想充分注意到人在管理中的主体地位和主导作用，坚持以人为本的价值取向，认为在学校管理中，人是管理的起点和终点，一切由人去管理，一切管理都是为了人。而在知识日益成为推动生产力发展的主导要素，人力竞争日趋激烈的知识经济时代，更要坚持以人为本的价值取向。具体到学校管理当中，就是树立以"教师为本"和以"学生为本"的价值取向，因为他们是学校管理的主体要素。

1. 以教师为本

以教师为本的价值取向，就是要确立信任、尊重、关心教师的管理观念。传统高校管理倾向于强调教师的从属地位。而现代学校管理思想则充分认识到，高校教育管理是一种活动过程，一种在一定时空和资源背景下管理者和被管理者双边互动的过程，其中管理者和被管理者相互依赖、不可或缺地共同构成了管理的主体要素。教师虽是被管理者，但也是管理的主体，是学校教育工作的实施者和完成者，是高校教学质量和管理质量的决定者和保证者。所以，现代高校管理思想把教师管理置于管理的核心和关键地位。树立"以教师为本"的价值取向，其实质就是要认真了解把握教师的思想意识、业务水平、能力结构、兴趣爱好和气质性格等特点，充分尊重教师的工作、人格及合理需要，全方位地调动教师的参与意识和创造意识，使每一位教师都能尽其才、尽其力、尽其用。

2. 以学生为本

以学生为本的价值取向，就是要树立尊重学生、关爱学生的管理观念。对于学生，传统的学校管理观念常常将其置于纯粹被动的边缘地位，把学生看作成人，并以成人的眼光来对待。如卢梭指出的："人们并不理解童年。最明智者致力于研究成年人应该知道些什么，但从不考虑孩子们按其能力可以学到些什么。他们总是把小孩当大人看待，从不想一想他还只是孩子呢。"现代高校管理思想认为，学生有着不同于成人的发展规律。虽然学生是学校管理的对象，但促进每一个学生的潜能与个性充分发展也是学校管理的重要使命，学生不仅仅是被管理者，也是自我管理的主体和学校管理的积极参与者。更为重要的是，在信息网络技术高度发达的今天，学生接收信息的渠道已由单一的家庭和学校扩展到多元媒体，并且他们的对新事物拥有好奇心、敏感性，接受能力少受旧有价值观和行为模式的束缚等优势，使他们第一次赢得了获取信息的便利性和对变动不居的生活意义进行解释的权威，具备了对成人进行"文化反哺"的可能性和现实性。因此，以学生为本的价值取向的实质就是，学校管理者要充分认识、挖掘学生身上蕴藏的巨大潜能，了解、顺应学生的身心发展规律和个性需要，维护、尊重学生的各项权利和人格尊严，使学生成为个性全面发展、自主管理和生动活泼的学习主体，而不是毫无权利、无知无能、任人摆布的被动的生命体，否则"我们只能得到不成熟的苦涩果实，并很快就腐烂了"。时下频频发生的校园暴力就从反面向我们昭示，简单、肤浅、专制的传统学校管理思想，必须转变为把学生当作独立的主体的现代学校管理思想。

此外，在高校教育教学工作任务以外还有大量工作，这些工作往往不是通过教师，而是通过职工来完成的，因此，也应树立以职工为本的人本观，以保证教学与科研的高效高质。

（二）确立校本管理观

高校的管理活动具有共性，这种共性是时代要求和一般管理规律的反映。无疑，要管理好一所高校，必须遵循管理的一般规律，解决高校发展中的共性问题。我国高等教育长期以来实行高度集权的集中控制方式，高校的办学自主权和管理自主权都比较小，"千校一面"现象比较突出，高校的管理活动有太多的共性约束，基本上不需要高校管理者发挥太大的创造性。随着我国高等教育改革的深入，高校面向社会依法自主办学的机制正在逐步完善，学校的自主权正逐步扩大。因此，高校的管理观应该由统一管理向校本管理转变。校本管理就是在遵循一般管理规律的基础上，立足学校实际，开发学校资源，解决学校问题，强化学校特色的管理思想。任何一所高校，都是具有个性与特色的组织，都有自己的适应面和发展空间。高校要以特色立校，以特色强校，以特色取胜。学校与学校之间的竞争实际上是学校特色的竞争，能否在竞争中找准自己的位置，发挥自己的特色，关乎学校的生死存亡。关键是如何确定特色，发展特色，强化特色。从学校管理角度看，这就要确立校本管理观念，把一般管理规律同学校特色与传统结合起来，形成富有个性的学校管理思想，解决学校发展中的特殊问题。从根本上说，高校管理是立足学校实际，开发校本管理资源，强化学校发展特色的管理，是一种校本管理。校长作为学校管理群体的代表，其管理思想是整个学校管理思想和管理风格的反映。人们常常把校长同一所学校的特色联系起来，也往往通过校长去认识与了解一所学校，这正说明校长的管理思想主要体现在校本管理之中。

（三）确立发展性管理观

管理就是通过组织协调与他人的共同活动以达到个人单独活动所不能达到的效果，并通过对有限资源进行配置，实现预定目标的过程。这种管理观所体现的是一种常规管理思想。常规管理思想的特征，表现为在事先划定的管理范围内根据一般管理程序实施管理活动，以不突破管理空间，维持管理系统的稳定为原则。现行的管理活动，包括教育管理活动基本上属于常规管理。当前，改革与发展是我国高等教育的主题，高校面临的首要问题也是发展，每一所高校都在寻找生存与发展的空间，都在谋求进一步发展。这就要求高校要确立发展性管理观。发展性管理观的主要内涵表现为，一是将发展作为高校管理的目的，以学校发展为核心统帅整个管理活动，学校的一切管理工作都要有利于学校的发展，为学校发展服务；二是用发展的思路来拓宽管理空间和管理思路，扩大高校管理的范围和内涵，通过发展来解决学校管理中的诸多矛盾和关系。发展性管理观以实现管理系统与外部系统的动态平衡为原则，其管理事项和管理思路是开放的、变化的。这种发展性管理观在我国当前的高校管理中已有所体现。比如，我国高校后勤管理长期遵循"分馅饼"而不是"找馅饼"和"做大馅饼"的管理思路，在给定的条件下协调人财物等各方面的关系，为教学科研提供服务。高等教育大众化的启动和高校扩招，突显了发展主题，给高校后勤工作带来了压力和活力，使之拓宽了管理思路和管理空间，高校后勤社会化就是发展性管理观的集中体现。

（四）确立战略规划与战略管理观

战略规划是一种重大的带全局性的总体发展计划，其目的是"探索明天新的各种机会"。在高校办学自主权逐步扩大和竞争日益加剧的情况下，能否在准确把握高等教育发展趋势，把握学校生存和发展背景的基础上，在学校发展的关键时期，抓住历史性机遇，确定相应的战略重点，确立前瞻性的办学理念和发展思路，对于学校发展具有重要意义。进入 21 世纪，许多高校都把制订发展战略作为促进学校跨越式发展的大事来抓，这是我国高校的主体意识、发展意识、竞争意识强化的重要表现，也是高校管理思想向战略规划和战略管理方向转变的重要表现。

过去，人们认为管理就是控制，管理就是协调，管理就是决策，管理就是服务，这些管理观在高校管理活动中虽然仍有意义，但当前高校管理的重点应以学校长远发展为核心，拓宽发展思路，围绕学校发展进行管理。战略规划在学校管理中的作用日益突出，是学校适应不断变化的外部环境，获得持续健康发展的要求。在这种情况下，可以说管理就是战略规划。如有的高校提出了"建设世界一流高校战略"，有的提出了"国际化战略"，有的提出了"科技成果产业化战略"等，这些都是立足学校长远发展所进行的战略谋划。当然，高校战略规划要与高校战略管理有机地结合起来。战略规划不只是制订规划，还包括战略管理，如战略实施、战略实施控制、战略实施评价等。一个完整的发展战略规划应该把战略制订、战略实施、战略管理等有机结合起来，使战略规划真正具有实践特色，具有可操作性，对高校发展具有具体而长远的指导作用。

第三节　新媒体视阈下的高校管理工作

一、新媒体时代下高校管理的有利条件

（一）依托平台建立更加稳固的管理网

随着高校大学生对于新媒体载体的依赖程度越来越高，一些新媒体平台也跃升出来，如微信公众平台、微博平台、抖音等直播平台。学生的一些在日

常生活中难以表达，或不愿表达的想法和问题，常常通过这一类虚拟平台进行表达，高校管理者和班级的辅导员可以借此平台把控学生的思想动态和校园舆论，并在第一时间进行预警或干预。依托这些平台，管理者既可通过发文、链接和交流的方式引导学生的思想，使其树立正确的人生观、价值观和世界观，为学校思政建设和网络文化建设提供保障，也可为学生提供服务，在交流过程中了解学生在生活、学习、就业过程中所遇到的问题和难题，并帮助学生解决，从而增强师生间的互动，切实做到以学生为中心，为学校更好更快地提供助力。

（二）设定适合不同学生的教育管理模式

新媒体的发展趋势是能够针对不同年龄、不同发展阶段、不同受教育程度的人群设计并传播不同的信息，在新媒体时代不同类型的人群也会根据自身特点和爱好组成不同的群组，这便给高校因材施教、因人施管提供了有利条件。高校管理人员依据不同的群组可以安排不同的指导教师，对相关的同学进行指导和管理，在教学管理中，也可依据学生学习能力和专业兴趣进行分类管理，使教师可以根据不同学生的自身特点进行有效的管理，从而提升管理效力。管理者可在平台上对不同的群组根据其特点发布不同的信息，对于平台上学生存在的问题也可以更加有针对性地进行解决。

（三）借助新媒体搭建高校网络舆论主阵地

相较于以往的报纸、海报、主题班会等宣传方式，当下新媒体具备资源丰富、渠道广阔、手段多样的特点。高校应利用多元化的平台和各式各样的宣传手段，如网络推文、短视频、动画等贴近当下大学生的网络性媒体形式，对学生开展思想政治教育工作；借助于校园网、学院网站、班级微信、QQ 群，以及微博的多级联动，使宣传体系更为立体，更有穿透力。高校始终坚持党对新闻舆论的绝对领导，坚持党媒姓党的原则，在高校新媒体的导向方面始终体现党的意志和主张。高校应依托新媒体平台将高校的舆论阵地搭建完善，并利用新媒体整合自身的资源，使自身不断发展壮大。

二、新媒体时代高校管理的不利因素

新媒体强大的功能性和开放性使得信息的传播速度大大加快，但学生在获取信息的同时，也容易受一些外在包装的影响，长此以往甚至会影响学生的思想观念以及对真实信息的判断和思考。一些不法分子常常利用这种手法来鼓吹、游说青年学生走向偏激的思想，朝着错误的方向走下去。另外，平台的建立，使得学生更容易封闭，学生出现情绪和思想上的波动时，第一选择是在平台上进行倾诉或宣泄，而并非向教师和相关部门反映情况，在发表的过程中一些较为敏感或情绪化的文字、图片或视频，一经发酵很容易引发群体事件。还有一些平台，利用学生散布假新闻、假消息，事态严重的会引发学生的恐慌，进而威胁校园稳定。因为新媒体的载体为网络，其丰富多彩的内容和多样的形式往往会使学生不能自拔，养成依赖心理，尤其是当前的网络游戏。当前的网络游戏不仅可以满足娱乐需求，同时也可以成为社交软件，玩家可以在其中相互交流，许多学生正是因此而沉迷其中。学生长期沉溺于此不仅容易使学生产生厌学的心理，同时还会产生幻想，认为只有在虚拟世界中的交流才是真实的，认为只有在虚拟世界中才能找到自我。长期的沉迷会使学生的身心发展和价值观的培养受到较大的冲击，严重的甚至会走上犯罪的道路。

三、新媒体时代下高校管理的创新与改进

（一）利用新媒体增强思想政治教育活力

新媒体的资源广泛，可以让高校大学生更为直观地接受思想政治教育。新媒体具备很强的交互性和开放性，与学生更为贴近，高校可以借助一些学生喜闻乐见的内容和形式开展思政教育，充分发挥学生的主动性，让学生在学习的过程中多理解、多思考，引导其树立正确的人生观、价值观。

（二）依托新媒体搭建学生管理与交流平台

随着时代的不断发展，当下高校管理者应当结合数字化和信息化教育管理模式，借助于自身的专业知识和技能，依托当下学生使用的 QQ、微信、微博、抖音等软件，搭建学生的管理和交流平台，立足此平台加强学校、教师、学生三者之间的沟通与互动，帮助学生解决问题，提高学校的整体竞争力。

（三）借助新媒体建立信息监控及发布平台

新媒体逐渐成为高校大学生日常获取信息和传递想法及表达态度的主要载体，高校对于有害、不良信息的监控也需要借助新媒体的力量。面对学生发布的带有情绪或表达态度和想法的信息，高校管理者则应当予以重视，探究问题的根源，并加以解决和追踪，保证事态平稳不发酵。高校要建立起属于自己的信息发布平台，掌握话语主动权，在重要时间节点发出正面、积极的声音，对学生做好正向引导，防止学生被不法势力或有企图的群体利用。在日常的教学

与管理过程中，高校可借助于微信、微博等新媒体网络平台向学生及家长发布校内有关信息，第一时间内将信息扩散出去，避免因信息闭塞而造成一些事件的发生。高校也可将一些流程性、事务性的操作添加到微信公众号的板块内，从而节省学生的时间，提高工作人员的办事效率。

第二章 现代高校管理的现状

高校是我国培养人才的重要基地，高校管理对于我国未来的发展有着重要的影响，因此，对我国高校管理现状的探讨成了本章关注的重点，以期给广大高校管理者提供一些参考。本章分为高校教学管理现状分析、高校学生管理现状分析、高校科研管理现状分析、高校财务管理现状分析、高校后勤管理现状分析五部分，主要内容包括高校教学管理机制不灵活、高校教学管理的手段落后、高校学生管理的现状、高校学生管理工作的问题、高校学生教育管理问题的思考等方面。

第一节 高校教学管理现状分析

一、高校教学管理机制不灵活

在高速发展的信息化时代，信息可以说是大量存在，当下大学生在这样的环境下成长，必然有着与从前不一样的心理成长过程，自然而然地也会有全新的受教育的过程，因此高等教育的教学管理机制也应当随之改变。但是目前制约高校教学管理的主要因素依然是传统的教学管理经验、极其僵化的教学管理机制。在高校的教学过程中，应试教育的教学理念依旧没有得到改善，学生仍然是在被动地接受学校和老师所教授的专业知识和技能，导致这种情况的因素主要有以下几点。首先，课时量是导致高校教育教学授课模式不够灵活的因素之一，在现今高校，对于各个职称级别的教师，每年都有相应的课时量要求，也会有相应的教学大纲规定的教学内容，课程结束后院系领导、督导团成员以及学生还要打分，这样的教学安排和管理，导致高校教育授课模式的机械化。其次，高校的教育教学都是专业的教学内容，其中涵盖了众多的专业知识和相关学者的观点，这些知识要全面地传递给学生，所以导致了教学过程的僵化。

13

二、高校教学管理的手段落后

目前，高校教学管理大部分还是沿用老一套的教学管理手段，在信息技术高速发展的今天，高校的教学管理没有发生相应的改变，把老一套的管理经验原封不动地运用于目前的教学管理当中，虽然适合当前的高校教学管理的发展，但很容易导致高校教师缺乏主动性和创造性。

第二节　高校学生管理现状分析

一、高校学生管理的现状

（一）高校学生后勤管理现状

后勤管理通常涉及学生的衣、食、住、行的管理，关于高校学生后勤管理，在此特意选取了贫困生资助管理和学生的宿舍管理作为代表。

1. 贫困生资助及管理基本情况

尽管高校大部分学生的家庭都比较富裕，但仍然有相当一部分学生的家庭经济条件还比较困难，为此特去了江西两所本科院校就有关贫困生问题访谈了有关领导及其学生。据他们所说，学校贫困生（含特困生）占据了学校学生总人数的 7%～8%。这两所高校的学生人数都在万人以上，可见贫困生绝对数目不少。学校对贫困生非常关心，都相应建立了学生资助管理中心。但由于受到各方面因素的影响，资助力度不大，涉及面不广。

高校资助贫困生通常通过以下几种形式。

①国家助学贷款。相对于公办高校来说，辐射范围不大，只是少部分品学兼优的学生可以获得国家部分贷款。国家助学金，国家和政府为鼓励大学生成才，在高校设立国家助学金，对品学兼优的学生，国家提供每生每年 2000 元的助学金，帮助贫困大学生完成学业。

②国家奖学金。现在的高校学生也享受国家奖学金待遇，最高奖额为每生每年 8000 元。江西许多高校还设立了国家"励志"奖学金，其金额为每生每年 5000 元，条件是必须是品学兼优的大二以上的学生。其目的就是鼓励高校学生好好学习，将来为国家建设服务。

③学校奖学金。如江西蓝天学院专设了于果扶贫助残奖优基金，南昌理工学院设一等奖（600 元）、二等奖（300 元）、三等奖（100 元）以此鼓励其

学生刻苦学习。勤工俭学，提供学生岗位。为了帮助一些贫困生自食其力，一方面让他们能够赚取一部分的生活费；另一方面也可以锻炼学生的社会实践能力，高校为此每年都会拿出一部分资金用来设置勤工岗位，加大对贫困生的扶持力度。

2. 学生宿舍及管理状况

随着高校扩招和学校办学规模的不断扩大，许多高校一方面对学生宿舍的需求量不断增加，另一方面，随着人们生活水平的提高，当前宿舍的软硬件设施已跟不上时代的发展，使得高校学生宿舍管理陷入两难境地。

①学生宿舍基础设施较差。尽管现在许多高校已经脱离了租借宿舍的难堪境地，但学生宿舍仍然存在结构不合理，设施不齐全的问题。普通寝室仍然保留多年前的 6～8 人一间，甚至更多，人均活动空间小，没有单独卫生间，行李储藏室小，没有电视、电脑等一些现代化居家必备设施，这些都不便于学生学习和生活。还有些实力不强的高校仍然存在着通风采光不好，阴暗潮湿的学生宿舍，极不利于学生宿舍管理和学生的健康成长。根据设计问卷"你觉得你所在的宿舍的条件好吗？"竟然有 40% 以上的同学说条件差。

②宿舍管理人员素质与宿舍管理工作需要的差距较大。尽管许多高校对宿舍管理非常重视，但宿舍管理员的素质仍然有待提高，大多数高校为节约成本，聘用的宿管人员多是临时工，且文化水平低、年龄大，缺乏基本的管理知识，对学生宿舍管理完全"照本宣科"，机械地执行"制度化"管理，缺乏与学生的沟通、交流。还有宿管人员竟然会私自拿学生的财物。因此，他们无法成为"不上讲台"的老师。在问卷调查中竟然有 35% 以上的学生说他们的宿舍管理不规范。

③宿舍大多数实行"制度化"管理，缺乏"人性化"。江西许多高校，为加强宿舍管理，为学生提供舒适的学习环境，都制定了《宿舍管理制度》和《宿舍管理条约》等规章制度，出台了一系列的规定，强行推出"不准……，不要……"等，宿舍实行的是"制度化"管理，缺乏"人性化"的关怀。如规定学生晚上 11 点之前必须回宿舍，严禁在公寓内搓麻将和赌博等，违者将得到严厉处分。

④宿舍精神文明建设有待提高。宿舍是大学生的"家"。除了到教室上课的时间外，学生 2/3 的时间都是在宿舍中度过的。近几年来，高校学生宿舍整体风貌得到极大改观，很少出现大的问题，但是一些小问题——不健康、不文明行为仍然存在。比如，破坏公共财物，私自接电源，使用禁用电器，留宿他

人，打麻将，大声喧哗等。高校学生宿舍管理存在的问题应该引起高校管理者的高度重视。

（二）高校学生就业管理现状

近几年来，有很大一部分高校面向市场办学，学校所设的专业基本上符合市场的需求，尤其注重对制造业和服务业技能型人才的培养，学校非常重视他们的技能训练与实际操作，毕业生大多深受用人单位欢迎。因而学生就业率高，一般都在 90% 左右，最高达到 98%。各校通过发展校内外"招聘会"，加强校企之间的合作伙伴关系，开拓各个经济发达区就业市场，极力推荐毕业生就业。各大高校都十分重视就业问题。在就业管理方面，各校普遍建立了就业工作领导小组及就业指导中心，下设职能部门实行层层管理。

二、高校学生管理工作的问题

（一）忽视学生本位

合理的规章制度是有效实施教育的基础，各高校都按照自己的实际情况制定了严格的学生管理制度，如学籍管理方法、学生奖励条例、考勤请假规定等，对学生的学习和日常行为进行规范。但在制定政策时缺乏对学生的"人性关怀"。没有将更多与学生成长息息相关的切实利益引入管理制度的范畴中，没有真正将学生视为学校的主人、消费者纳入管理体系，在管理中不会太注重考虑学生的权益。如在学生助学贷款、勤工俭学活动及社团活动中未能以制度为保障提供较好的服务与指导等。许多高校过分强调制度，喜欢用条条框框来规范学生的行为。要求学生"不能……""不要……"。据调查，绝大部分同学反对学校的"制度化"管理，而偏爱"人性化"管理。

（二）学生工作形式化

现行的工作体系和工作内容庞杂，导致学生管理工作者每日陷于事务堆中，疲于应付。从事学生工作的管理者似乎什么都在管，但对学生成长的关键环节，诸如专业方向的选择、心理问题的开导、就业指导等疏于管理。总的来看，学生管理者被动等待问题多了一些，管的枝节末梢多了一些，而主动研究学生工作规律，大学生的特点、思想动态等则少了些。学生工作较多地趋于表面化。

（三）高校学生管理工作队伍匮乏

目前，高等教育改革虽然不再继续扩大招生工作，但是高校的招生人数与以前相比大大增加了。学生人数大量增加，而高校的准备还不是很充分，例如，学校一些相应的软硬件设施不能及时配备，师资队伍也不能及时补充，管理工作者相对缺乏；而且大多数管理工作者没有学过管理学及心理学知识，也没有在高校接受过有关高校管理的专业知识培训，大多数管理者没有高校管理的经验，甚至只是把做好管理工作当作调换工作的跳板；另外，有的老师甚至是兼职做管理工作，这些老师一方面面临管理学生的压力；另一方面还面临着给学生上课及科研的压力。高校管理工作本来就比较繁杂，事情较琐碎，因此，大多数管理者只能做些表面工作，工作流于形式，难以达到高效、科学、规范的目标，也无法形成科学有效的管理队伍，严重影响了高校学生的管理工作。

随着高等教育大众化步伐的加快，在校学生人数猛增，高校准备不足，导致教室、宿舍、实验室、食堂、图书馆、活动场地等的大量硬件设施无法及时配套，师资队伍也没有得到及时的补充，师生比悬殊。大众化进程对高校学生管理工作最大的挑战是辅导员队伍匮乏，具体来说体现在以下几个方面。

1. 辅导员队伍质量参差不齐

从人员构成上说，目前高校辅导员主要由专职与兼职人员两部分组成。兼职辅导员主要包括两种情况：一种是由青年业务课教师兼职，实行思想政治教育和业务工作"双肩挑"；另一种是由研究生党员和高年级本科生兼职，他们一边学习，一边从事学生思想政治教育工作。

随着市场经济体制改革的不断推进，高等教育事业对管理水平的要求也日益提高，原有的"双肩挑"模式开始受到挑战。社会竞争的剧烈使得高校的青年教师在科研、教学等方面面临很大的压力。担任兼职辅导员的业务教师在兼任辅导员的同时，需要承担任务很重的教学工作。角色和时间的冲突，使他们精力分散，难以全身心地投入学生工作或教学中，因而很难在教学研究与行政管理上并行发展。担任兼职辅导员的研究生同样面临着专业上的压力。三年时间（有的学校甚至是两年）必须完成学习多门专业课、公开发表论文、撰写硕士论文等任务，因而很难将精力集中在学生的思想政治教育和日常管理工作上，很难做到"两手抓，两不误"。

2. 学生管理队伍不稳定

班级辅导员是班级管理的核心，是学生思想政治工作的组织者和指导者，在学生日常管理和思想政治教育工作中起着举足轻重的作用。随着招生规模的日益扩大，学生管理队伍严重匮乏的问题已无法回避。很多大幅扩招的院校用聘用优秀毕业生或由教师专兼职结合的方式解决此问题，在一定程度上缓解了人手短缺的矛盾。但目前班级辅导员实际承担的工作已远超过本职工作范畴，除承担院系教学任务以外，往往还需要负责团委、党委、学工处等院系行政职能部门的日常事务。班级辅导员职责的不明确性、学院奖惩激励体制的不健全，也导致班级辅导员队伍不稳定，人员流动性较大，多数班级辅导员没有真正把学生管理工作当作毕生事业，责任心不强，在工作一两年后就急于转向全职专业课教师或考研、考公务员等。班级辅导员队伍的不稳定已成为影响高校学生管理工作深入开展的重要因素。

另外，高校中从事学生管理工作的队伍主要来源于本校留校的本科生或研究生，他们中很少有人专门学习过管理学或心理学的知识，同时又缺乏进修以提高自身专业水平的机会。高校学生管理工作内容庞杂，事务琐碎，全校凡涉及学生的各个部门的工作最后的落脚点都要落在辅导员身上，"千条线一根针"，导致学生管理者无法避免地每日陷于事务堆中，疲于应付。这就致使管理工作表面化、肤浅化，从而流于形式，难以对学生日常行为、生活学习等方面进行高效、规范、科学的管理，严重影响着学生综合素质的提高。

3.辅导员工作存在两极化倾向

辅导员是班集体的领导者、组织者和管理者，在高校班级建设和实现学生成长目标的过程中，具有不可替代的作用。当前，在许多高校中，辅导员对学生的管理工作存在两极化发展的态势。一方面过少地接触学生，认为学生已经是成年人，应该有自己的生活方式和行为规范，老师不必过多干涉。所以主要是借鉴公办高校的辅导员管理方法，平时与学生交流得少。有时当学生碰到棘手的事情，而学生自己又不能处理时，很难找到辅导员。另一方面，一些辅导员缺乏对学生的信任，夸大大学生的缺点，压抑学生的独立性，采用中学班主任的管理方法，全包全揽班级事务，这种极端的做法，往往不利于学生的主动性、创造性和个性的充分发挥。

（四）高校学生管理工作环境闭塞

高校学生管理工作的主旨在于培养学生发展的能力，并为其终身的发展奠定基础。为了更好地实现高等教育的目的，落实高校学生管理工作的主旨，必须改变和设计那些"偶然的环境"。在高校学生管理工作实践中我们习惯于运用制度规约、榜样力量，过多地干预和建构高校学生管理的工作环境，投射到学生管理中的都是积极的、正面的因素，无视真实的生活图景，割裂校园环境与生活环境、社会环境的联系，"强制性的理想主义道德说教只能导致社会的道德虚伪：用理想主义来说事，用现实主义来做事，奉行的是两套伦理原则"，造成"5+2＝0"的尴尬局面。事实上，关起门来做高校学生管理工作是不行的。

18

在真空无菌状态中进行的教育不能抵御外界的侵蚀。随着网络的迅速普及和高校校园网的建设与日益完善，大学生已成为网络社会的主要群体之一。网络时代所构筑起的新的社会生活方式，对大学生的思想和行为产生了强烈的影响。高校学生管理注定在现实实践中屡屡碰壁。"人的本质是一切社会关系的总和"，大学生的身份不仅仅是校园中的学生，更是与社会有着千丝万缕联系的人，不可能独居校园"象牙塔"中，从这方面讲，高校学生管理工作所依托的工作环境必须是开放性的。另外，开放性体现在大学生与高校管理工作环境的相互作用。瓦·苏霍姆林斯基认为，教育过程中最微妙的领域之一就是不仅应利用环境教育受教育者，而且应利用受教育者自己创作的环境来教育他们自己。因此，高校学生管理不应在虚拟的环境中自娱自乐，必须回归生活，以开放的姿态构建高校学生管理的大环境。

（五）高校学生管理工作理念落后

学生是高校学生管理的对象，是具有独立意识的人。长期以来，高校学生管理者充当长者的角色，采用行政化的方式，说教训导，削弱了学生的主体地位，强调整齐划一的管理，忽视学生个性的发展。强调制度之于学生的约束和规范作用，忽视了学生判断能力的培养。若把学生确实看作一个完整的生命体，以此审视目前的高校学生管理工作，发现"无论是对时代的认识，还是对学生的认识、学校教育的认识，都只侧重于认知，在一定意义上是乐观的理性主义和科学主义"。学生简单地被视为"容器"，被动地接受知识的灌输，被动地接受制度的规约。然而，大学生的身心日渐成熟，渴望独立，渴望理解，如果单纯地将其看作无生命的"物"而忽视其自身的主动意识，会取得适得其反的效果。

一直以来，我国高校学生管理工作都只停留在事务层面，管理体制大多从以前的管理体制中沿袭过来，在管理的过程中，学校管理者处于主导地位，起主导作用；而学生往往处于听从安排、服从管理的地位，有时管理者还会利用权威对学生进行压制，以顺利完成学校的管理任务，这既能满足学校管理工作的要求，又能使学校处于稳定和谐的发展状态中。但是这样的管理理念不仅抹杀了学生的独立个性，还会使学生经常处于一种被动、服从的状态，不仅不利于学生养成独立思考问题的能力，也使学生失去了自身的主体地位，对学生今后的发展将会产生严重的影响。因此，随着当代社会的不断发展变化，高校的管理理念需要随着形势的发展变化而及时转变，为当代大学生的不断发展提供一个更为广阔的发展空间和平台。

我国高校学生管理体制僵化,落后于时代发展,对学生的管理一刀切,要求学生绝对服从。随着外界环境的变化,大学生越来越活跃,自我意识增强,喜欢接触新事物,紧跟时代发展步伐。同时因为学生来自不同的地方,学生的个体差异较大,加之社会上不良风气的影响,大学生的思想价值观念发生了变化,功利性比较强,奉献的意识淡薄。大学生处于一个过渡时期,正在逐步走向成熟,但是大学生的自我控制能力还比较差,不能自我约束,会出现一些问题。这些特点都令辅导员感觉到学生管理工作的难度越来越大,如果不结合大学生特点制定出新的管理方式,还用旧的管理方式是不会出效果的。

另外,高校学生管理工作是高校教育工作的重要组成部分,应体现教育的终极价值。但是在忙于众多事务性工作的遮蔽下,高校重管理轻服务,简单停留在让学生服从管理,听从安排的层面,重视满足学校的现实需要,用问题式管理代替发展式管理,用事后处理代替预警机制,渐渐丧失了对高校学生管理工作的本真认识。在新形势下,高校迫切需要转变理念,为学生的发展创造一个广阔的平台和空间。

(六)高校学生管理工作方法单一

目前,我国大多数高等学校依然沿用传统的管理模式,传统的高校学生管理模式固然有其存在的价值,但是随着社会的发展变化及高校规模的不断壮大,旧有的管理模式与现存的新情况、新问题必然会产生冲突,不能很好地实现其职能。先前的高校教育管理体制是以班为单位的,与学年制相适应。学生的组织管理层次比较清晰,人员也较稳定。但是现在大多数高校的教育体制实行的是学分制,学生自主决定选修专业、上课时间、修业年限及任课教师,淡化了班级及年级概念,班级成员也不再一成不变。在这种情况下,班级职能将随之发生变化,教育管理基层组织对学生的管理能力随之减弱,教育管理的目标不能达到,使得现行的学生工作运行体制也无法像以前那样正常地运行。

目前,我国大部分高校的管理方法仍然停留在先前的强制、约束的层面上。虽然用强制、约束的方法看上去很快就能见效,但是多数情况下学生只是表面应允了,实际上并不当回事,仍旧我行我素。而且在当下多元文化发展背景的冲击下,学生受到各种文化思潮、不同价值取向的影响,必然会与学校单一的管理方式、方法产生严重的冲突。因此,高校的管理方法需要随着社会文化的发展而相应地发生变化,为当代大学生提供一个有利的发展空间。

三、高校学生教育管理问题的思考

（一）"发展个性"与"严格管理"

发展与完善受教育者的个性或者说为受教育者个性的发展与完善提供良好的教育环境，是高等教育内在的使命之一。在传统社会向现代社会过渡的过程中，对人的个性的要求不仅仅是量的改变，最重要的是质的改变。简要地说，其中一个主要方面就是要解放个性而不是要泯灭个性；是突出发展个性而不是压抑个性；是要完善个性而不是要统一个性。马克思关于人的学说的一个重要观点，就是社会的发展是人的个性不断发展与完善的过程。而这种发展与完善具体表现为个体兴趣、爱好、知识、能力的多样性满足和由此构成的整个社会的协调性发展。市场经济比计划经济更要求个性的多样性，这一点毋庸多言，现在学生要求发展个性的呼声日高。发展地看，这是符合社会发展规律的，应给予充分的肯定和积极的鼓励特别是科学的引导。在发展个性问题上，有一种值得引起注意的倾向，就是不少学生把发展个性同严格管理对立起来。特别是对日常生活等方面，他们认为是小事，不用严格管理严格要求，否则容易压抑学生个性。有的教师、管理工作者也包括有的领导干部，似乎对此也有同感，思想深处也认为大学生的主要任务是学习，学习好了，其他方面的要求不必太苛刻。这些认识从理论上讲是片面的，从实践上看是不符合社会发展的实际情况的。

发展个性和严格管理是现代社会对人的素质和活动的两个基本的辩证统一的要求。这里扼要谈谈严格管理问题。首先，严格管理的目的是保证整体的协调、高效、有序；其次，整体的严格管理要求个体必须自觉严格要求自己，任何放纵自己的行为对他人对组织都是有害的，社会越发达越是如此；最后，对自己严格要求最基础的东西是遵纪守法和具有良好的社会公德。大学生作为社会中处在较高层次的群体，应该实现发展个性与严格管理的有机统一。只强调一个方面，而忽视另一方面的想法和做法都是不对的，在实践上则是有害的。

（二）"民主意识"与"法制观念"

近几年来，随着全社会民主与法制建设的逐步推进，高校师生的"民主意识"与"法制观念"逐渐增强。"民主意识"的增强突出表现在对"权利和义务"认识的深化和参与精神的提高；"法制观念"的增强突出表现在依法治校。本文想结合实际情况做些具体的分析。从总的情况来看，不同的层次、不同的角色对"民主"与"法治"的要求各有侧重。学生对"民主"的要求更强烈一些，他们要求有更大的学习选择的自由，不仅有选课的自由，更想有选择老师的自由，同时要求有更好的学习条件，至少有他们认为与他们所缴学费相符的学习条件。但对管理的认识大多数停留在服从上，对学生对学校应尽的义务则缺乏理论层面的深入思考。管理者面对的"建章立制"方面的客观压力要更大一些，因为他们首先要考虑的问题是怎样把职能范围内的事管好。教师中相当一部分人则更习惯于讲求有更好的秩序，至少能保证教学任务的顺利完成。这些情况表明，师生的"民主意识"和"法制观念"尽管有了一定的提高，但总的说来，还停留在比较表浅的层面，多数人还习惯于依靠行政手段进行行政管理。这和高校的地位、性质、作用是很不相称的。高校尤其要重视"依法治校"，行政权力和行政管理以及各种领导活动都不能超出法律规定的范围。在当前高校学生管理中，一方面作为管理者对学生应享有的基本权利缺乏事实上的尊重，主要表现为主观随意性的和领导意志性的东西一直占有很大的比例。另一方面作为被管理者，学生本身对自己应享有的权利和应尽的义务也都缺乏全面的明确的认识，以至于在许多时候和许多方面，该享有的权利不去争取也不会保护，该尽的义务也不去自觉履行。鉴于上述情况，高校的民主与法治建设任重而道远。特别是在学生日常教育管理中，这方面还只能说刚刚起步。要切实加强理论研究和实践探讨。

（三）"个人奋斗"与"团队合作"

市场经济的多元化要求发展亦应多元化。从这个角度推论，"个人奋斗"的思潮应该有市场。但市场事实上为什么不是这样呢？因为市场经济的充分发展，必然由"卖方市场"变为"买方市场"。在"买方市场"中，消费者才是上帝。生产者的生存和发展，取决于消费者的满意和认可程度。而任何一个生产者同时也必然是一个消费者。这就意味着在市场经济充分发展的情况下，生产者与消费者之间的互相依存、互相制约的关系比过去任何时候都更加直接。这种依存性强化了平等、民主与合作关系。任何独立的个体、组织、团体，想不和别的个人、组织或团体发生关系是不可能的。而这种关系如果不是在平等、民主基础上的合作关系也是不行的。发达国家之所以走向"人本主义"的复归，重视"企业文化"和"团队精神"，其实质乃在于建之于现代科学技术基础上的社会化大生产，离开良好的内部合作和外部合作是什么事也办不了的。合作意识和团队精神是社会对现代人的基本要求之一。这一点和社会主义所要求的集体主义精神是相贯通的，或者说至少是不矛盾的。在我们日常管理中，一方面要创造条件提供良好的外部环境告诉学生要有自己的个性，激励他们去做切切实实的谁也不能替代的努力；另一方面又要形成浓厚的"团队精神"，强调每个成员要自觉提高合作意识和合作能力。这两个方面的有机结合，对集体和组织来说，能收到 1 加 1 大于 2 的整体合力；对个体来说，能在集体和组织中得到个性的发展完善并在服务集体与组织的过程中充分地实现自己的价值。

第三节　高校科研管理现状分析

一、高校科研管理的基本现状

目前，随着科学技术的飞速发展与全球经济一体化步伐的不断加快，科学技术的研究与创新已经成为一个国家经济和社会发展的主导力量，它不仅影响着一国国内的经济发展，也在很大程度上影响着该国在国际经济竞争、社会发展和国家安全等方面的主动权。高等院校作为我国科技活动的一支重要主力军与中央科研院所、地方及企业研究机构共同承担科技发展任务，863、973 等国家项目有一半以上由高校来承担。此外，高校在生产性、工程性的科学技术研究领域也承担了相当数量的任务。

高校科研工作在更新自身教学内容、促进人才培养、改善办学条件、增强办学实力、加强学科建设、扩大学校影响、直接为社会经济和科技发展服务等方面起着举足轻重的作用。而高校科研工作的顺利开展及其功能的发挥，在较大程度上取决于科研管理的成效。在现代高等院校的改革与发展中，由于教育体制、管理体制等诸多方面的原因，高校在发挥人才优势、提高科研层次和水平方面还存在诸多问题，尤其是科研管理的组织、引导、咨询和管理工作水平直接影响着高校科研工作的质量，提高科研管理水平，在培植高校科研优势和特色学科方面具有重要意义。

高等学校作为国家技术创新的源泉地，是国家知识创新的基地，也是技术创新的主力军。在国家有关部门的大力支持下，"科教兴国"战略以及"211工程""教育振兴行动计划"的实施促使高校科研取得了极大发展，高校不仅承担了一大批科技创新基地或平台的建设，而且积极承担了国家科技攻关计划、"863计划""973"计划、国家自然科学基金以及国防军工等一系列科研任务，使高校总体科技实力、自主创新能力以及综合竞争力大大增强，知识贡献与社会服务能力快速提高，正在成为我国科技自主创新的强大力量。

二、高校科研管理的问题与弊端

近几十年来，我国普通高校科研工作的开展，解决了很多国家重大科研攻关课题和经济建设中的难题，培养了很多优秀的人才，为社会进步、经济发展起了巨大的促进作用。然而，由于种种因素的影响，普通高校科研管理体制中存在着一些弊端，阻碍了科研工作的顺利开展和发展。

（一）科研人员管理中存在的问题

1.科研人员力量分散

我国现行的科研与教育分立的管理体制和普通高校的人事管理体制之间缺乏有效的整合。普通高校科研人员加上在读的研究生，数量可观，但科研人员分散；高校与高校之间，各校内部院系之间，研究所、实验室之间以及科研人员之间的合作交流不够，队伍整合困难，不易形成合力，开展多学科交叉研究面临多方面的困难。直接表现形式就是科研课题零散，研究人员个人奋斗，刀耕火种、分立山头，如散兵游勇一般，难以承接并完成重大研究课题。大部分现代前沿性课题往往不是一两个学科的人员就能完成的，这就限制了重大前沿性课题的发展。因此，普通高校在科研创新方面的潜力和作用尚未得到充分的挖掘和发挥。

2.科研人才流动不合理

合理的人才流动是符合市场资源配置要求的，但应避免不合理的人才流失。高等教育在国际交流与合作中的发展不平衡，教育资源几乎呈单向流动，如派出的留学人员多，回国的留学人员少等。据了解，全世界科研移民有40%被吸引到了美国，在美国从事科学和工程项目工作的人员有72%来自发展中国家。目前仅在硅谷地区供职的中国科研人才就已超过10万。人才流向发达国家的趋势，增强了发达国家的竞争力，也严重削弱了发展中国家的科研发展潜力，成为进一步拉大差距的重要因素。1978～2003年，我国共有7002万人赴108个国家和地区留学，1728万留学人员学成归国。从数字看，人才回流率不高，人才流失还相当严重。沿海发达地区及综合条件好的效益高的学校不断发出求才信息，诱惑着高校的科研骨干，导致地区和普通高校间人才流动无序，人才结构不合理。不平等竞争使一些地区和普通高校人才流失严重，人力资本投入增加。

（二）科研经费管理中存在的问题

科研经费是普通高校开展科研工作的重要物质基础，如何合理有效地利用科研经费是资助方、受资助人及其所在单位各方关注的焦点。从根本上说，经费管理是科研管理的核心，并贯穿科研活动的始终。经费管理也是科学研究过程管理和目标管理的最佳结合。普通高校的科研经费总额占学校总收入的比重不断上升，其来源也呈多元化的趋势。但是，与其他国家相比，差距还是很大。而且，受科研体制的影响，普通高校的科研经费管理不够规范，普遍存在着科研资金和资产流失严重、科研项目成本难以核算、科研经费使用效益不高等问题。

1. 经费预算不合理

在我国，目前在立项阶段的科研经费管理存在明显的问题，主要表现在投标立项时的预算不能全面真实地反映获得预期成果所必需的项目直接成本和间接成本。纳入经费预算的支出条款与项目实际执行过程中的花费往往不符。

2. 科研资金和资产流失比较严重

由于普通高校横向科研收入大幅增加，加之学校又会对科研收入提取一定比例的管理费，有的科研人员对于从社会上争取到的科研资金不放入学校账户，而是存在校外单位，从而逃避上缴管理费和税金，避开学校对资金的管理，资金不进入学校，却利用学校的实验室、实验设备、实验试剂等进行实验，学校得不到补偿，造成了学校资产的大量流失。

3. 科研经费开支增大与浪费严重并存

近年来，差旅费补助标准几次提高，再加上物价上涨，在很大程度上，增加了科研经费的开支强度。加之项目批准经费和申请金额往往相差较大，导致科研经费实际支出和原计划的预算常常不一致。在项目经费批准额度偏低的情况下，开支增长本来就给项目顺利实施造成了一定的影响，而浪费严重对有限的项目经费更是雪上加霜。如许多项目在没有经过充分论证的前提下，购置了许多大型仪器设备，科学实验仪器的购置费用占了科研经费开支的很高比例，这种状况造成了科研经费的极大浪费。另外，课题项目缺少详细、准确、完整的单独成本核算体系，经费在学校财务这个"大锅里"，受益与费用负担脱节，导致课题项目经费耗用不实。

（三）科研课题管理中存在的问题

1. 创新性不足

原始性创新孕育着科学技术质的变化和发展，是一个民族对人类文明进步做出贡献的重要体现，也是当今世界科研竞争的制高点。但长期以来，我国很多科学家的选题思路都立足于跟踪当前国际的先进水平，习惯于模仿国外已经开展过的工作，对国外的先进研究项目和思路产生了很大的依赖性。具有原创性，涉足开拓性领域，能够引导国外跟踪我们的研究项目和领域相当少见。许多研究都以模仿和跟踪科研发达国家为主，绝大部分研究热点都是在国外先产生。这些现象在普通高校中较为突出。

再加上许多普通高校科研管理机构对科研课题的申报，只是起着传达和布置的作用，很少有人帮助科研人员解决在科研课题申报过程中所遇到的各种问题。因此，对申报的课题没有逐一进行质询答辩和论证，导致好多申报的项目没有立项的价值。

2. 后续管理工作不科学

目前我国普通高校的科研管理成果评审办法主要注重科研任务完成以后，对这个成果学术水平的评价，以及管理机关对其完成任务情况的认可程度。而对课题成果的认可、转化和推广工作普遍不够重视。至于这个成果能否取得专利保护，能否占领市场并取得经济效益或社会效益，也不怎么关心。由于这种方式仅仅是学术或管理范畴内的对成果的学术水平的评定或对科研课题执行情况的检查，实际上在法律上是不被国际所认可的。

3. 课题申报管理不到位

从普通高校课题的申报情况看，许多课题在申报管理上存在一系列问题，如研究目标不明确，甚至与选题目标脱节，根本不可能实现预期计划；缺乏依据，忽视学术进步和科学价值的阐述；社会效益和经济效益空泛；立题依据不充分，对国内外研究的现状、动态以及该研究项目的应用前景缺乏足够的描述；所选问题的切入点不清楚；要解决的问题不明确；参考文献陈旧、缺乏时效性，对课题的创新性支持不够，看不出明显的价值；对研究方法和技术路线的可行性论述不够，思路不清晰等。所以从总体上看，课题的申报管理较差。

4. 课题研究过程管理不规范

课题立项后科研管理部门未与科研人员签订合同，造成对科研课题全过程不能进行有效的管理。在课题的研究过程中，未适时地对课题的研究过程进行监督检查，致使课题到期无法完成。由于管理不规范，出现了资源浪费甚至弄虚作假的现象。

第四节　高校财务管理现状分析

一、我国高校财务管理体制

在市场经济全球化和知识经济市场化的条件下，高校作为面向社会自主办学的法人实体，建立健全财务管理体制有着重大的实践意义：一是适应高等教育产业化、投资主体多元化、教育资金社会化、经济利益多样化、财务工作层次化的必然选择；二是高校增强宏观调控能力、拓宽资金筹措渠道、优化资本运作方式、拓展财务管理职能、规范财务会计工作、提升财务信息质量、提高资金使用效率的内在需要；三是坚持高等学校财务管理基本原则的重要纲领；四是顺利完成高等学校财务管理主要任务的体制保障。

（一）"统一领导，集中管理"体制

1. 统一领导

统一领导是高校财务管理工作的核心。面对日趋复杂多变的市场环境，面对多重利益主体的诉求，全校教职工和各职能部门、教学院系、科研院所必须统一思想，统一认识，统一政策，统一财务，集中财力，步调一致，这样才能统一资产管理，优化资源配置，统一调度教育资金，统筹安排教学经费，发挥整体优势，提高资金效益，才能为高校稳定、可持续、协调发展提供制度保障和财力保障。

就政府而言，各级人民政府应为各类高校制订统一的财经法规，统一监管体系，统一拨款机制，统一预决算口径，统一审计监督，统一对高校支出规模和结构进行调控，进一步简政放权，全面转变政府职能，加大宏观调控力度，扩大高校办学自主权，并全面保护高校的合法权益。

就高校而言，高校应当针对经济工作和财务活动的大政方针政策、财务规章制度、资源调配机制、财权事权匹配制度、会计核算规范等重大方面实行学校统一领导，统一决策，以提高资金实力和办学能力。学校各职能部门如教学部门、科研部门、教辅部门及后勤部门必须在学校的统一领导下，严格遵守学校规章制度，全面履行与事权责任相适应的财力支配权和管理权。具体包括下列五个"统一"。

（1）统一财经方针政策

在严格遵守国家法律法规的前提下，高校只有统一本校总体的、全局性的

财经方针政策，才能集中财力，优化资源配置，提高资金使用效率，提升办学实力。学校统一的财经方针政策主要包括管理权限分配政策，主要是事权、财权与责任的配置与协调政策；预算管理政策，主要是高校主体财权的分配、调整与支配、管理的整体框架；创收分配政策，主要是高校各部门在教学科研之余利用自身所控制或管理的资源为社会提供服务所取得的部门主体财权的分配政策；经费支出审批报销政策等。上述大政方针政策必须由高校财务部门负责，由财经工作领导小组指导，高校校长办公会和党政联席会审查批准后统一制订印发红头文件，并由学校统一组织实施。同时必须避免或杜绝校内各部门为了本部门利益而制订并实施与学校总体方针政策相违背的部门规定或办法，防止出现各自为政、损害学校整体利益的情况。

（2）统一财务规章制度

为保证学校制订的大政方针的严肃性和权威性，更好地实现其目标和意图，也为更好地保证学校制订的大政方针能得到贯彻执行，高校必须根据国家财经法规和本校的财经方针政策，结合学校当前实情和未来发展方向制订具体可行且切实有效的财务规章制度。统一的财务规章制度包括但不限于以下列举：《××大学财务管理制度》《××大学成本分担机制和资源调配管理制度》《××大学经济责任制度》《××大学资产管理制度（或办法）》《××大学预算管理制度（或办法）》《××大学各类办学经费分配制度（或办法）》《××大学经费支出审批报销管理制度（或办法）》《××大学专项建设经费管理制度（或办法）》《××大学各类票据管理制度（或办法）》《××大学科研课题经费管理制度（或办法）》《××大学学费住宿费管理办法（或实施细则）》《××大学内部会计控制制度（或办法）》《××大学会计核算实施办法（或细则）》《××大学公用借款管理办法（或细则）》《××大学教职工争先创优激励机制》等。只有全面建立健全一套符合高校实情和适应市场经济、知识经济要求的科学、完整、系统的高校财务规章制度体系，才能在财经工作和财务活动中做到"有法可依，有章可循，以制度管人，按规定办事"，才能保证全校"一个建制，一盘棋，一个标准，一个调"，保证学校大政方针得到充分的制度保障，保证财经法纪、规章制度得以严格遵守和执行，保证高校的协调可持续发展。另外，高校下属各部门可根据本校的财务规章制度制订本部门具体可行的实施办法或细则，但不得与本校颁布实施的财务规章制度相抵触。

（3）统一资源优化配置

高校资源，尤其是实践性教学资源和科研资源一方面严重不足（如教学设施设备、实验室设施设备、实习平台、科研平台、科研基地等）难以完全满足高校日趋社会化、市场化的教学、科研需要；另一方面又存在资源配置不优化、资产重复购置、闲置浪费严重等诸多问题，资金使用效率难以保证，难以实现财务工作目标，不利于高校教学科研事业的全面协调可持续发展。面对高校经费来源多元化、经济活动多样化、经济关系复杂化的趋势，面对资金供求矛盾十分尖锐的情况，高校必须坚持厉行节约、勤俭办学的原则，统一资源管理，统一资源调配，统筹安排资源用途，优化资源配置，加大教学科研基础设施投入，大力压缩消费性需求，降低教学科研成本和资源消耗，重点解决重复购置浪费多、使用随意效益差、管理混乱易流失等问题。

（4）统一预算决算管理

高校预算管理是高校财务收支计划制度化、法规化、整体化、权威化的本质体现，是高校长远发展规划的一个非常重要的子系统。年度财务预算是经学校教（职）工代表大会同意的内容完整、考虑细致、目标明确、项目具体的具有较高法律效力的财务收支安排。它既是对高校人、财、物进行优化配置、控制、使用和管理的关键，又是保证高校教学科研活动顺利开展，提高资金使用效率的支柱，涉及高校所有的教学科研活动和每一个业务环节。这就要求高校高层领导和管理层应高度重视，严格按照《高等学校财务制度》的规定执行。预算编制应当遵循"量入为出、收支平衡"的原则。收入预算编制应当积极稳妥，按照预算编制的规定编制预算；支出预算编制应当统筹兼顾、保证重点、勤俭节约；学校预算应当自求收支平衡，不得编制赤字预算；高校应严格执行批准的预算；高校应按照规定编制年度决算，由主管部门审核汇总后报财政部门审批，并应加强决算审核和分析，保证决算数据的真实、准确，以规范决算管理工作。财务预算是高校资源优化配置的具体体现，财务决算则是资源优化配置结果的具体反映，高校应对本校预算进行全程监控和管理，强化预算控制和检查，突出财务决算作用，充分发挥校内审计对预算的监督考评作用，着力提高资金使用效率。

（5）统一财务核算体系

从经济活动的最终实质上看，财务管理是高校经济管理的核心，而资金管理是财务管理的核心，预算管理是资金管理的核心，预算管理的本质体现的是财务信息的准确性和及时性。当前高校规模越来越大，资金越来越多，精细化程度越来越高，加上日趋激烈的社会竞争和错综复杂的经济环境，没有准确、及时的财务信息根本无法衡量高校开展教学科研活动的效率和效益情况，无法判断学校的资源配置是否得以优化，预算管理是否有效，财务规章制度是否落到了实处，更无法评价会计人员工作业绩的好坏等。所以，高校必须全面贯彻执行《高等学校财务制度》第七条"高等学校应当单独设置一级财务机构，在校（院）长和总会计师的领导下，统一管理学校财务工作"和第九条"高等学校财务机构应当配备专职财会人员。财会人员应当具备与其工作岗位相适应的资格和能力。财会人员的调入、调出、专业技术职务评聘以及校内二级财务机构负责人的任免、调动或者撤换，应当由学校一级财务机构会同有关部门办理"等的规定，在财务核算体系方面必须做到"八个具体统一"，即统一设置一级财务机构，统一配备专职财务人员，统一规定经费报销及审核标准，统一规定会计账务处理标准和流程，统一制订内部会计控制制度，统一制订会计档案管理办法，统一财务人员执业培训与职务职称评聘，统一财务人员考评激励。并进一步完善高校财务规章制度体系，规范财务会计工作，提升会计处理水平，保证财务信息质量，只有这样，才能真正为学校"理好财，管好家"，才能为学校重大经济决策出谋划策，并提供最坚实的财务信息支持。

2. 集中管理

集中管理是高校在严格遵循国家法律法规和本校财务规章制度的前提下，根据本校实情，把学校教学科研活动所涉及的所有经济事务集中到学校财务部门统一管理，把学校所有资金集中到学校财务部门统筹安排，集中调度，以集中资金优势、净化经济环境、预防贪污腐败的一种财务管理运行机制，主要内容如下。

（1）集中管理财权

财权就是管理、使用、分配学校财产物资的权力，特别是教育资金或教学科研经费管理、使用和分配的权力尤为重要。当前我国高校的规模越来越大，资产总额少则几亿，多则上百亿、上千亿，校内各职能部门已逾40个处级单位，教职工有几千人之多，管理如此庞大的资源，如果不采取财权集中管理的机制根本不可能集中学校资源优势，把有限的资金全力用在刀刃上，势必就会导致校内各部门各自为政，为了个人或本部门的利益而不顾学校和国家利益，私存、挪用公款或搞"账外账"，私设"小金库"，造成国有资产流失，给学校和国家造成巨大的经济损失。没有财权的集中管理，统一调度，统一安排，就没有坚实的资金做后盾，将无法保证学校各项工作的顺利开展，将难以充分发挥资金的经济效益，无法增强学校对整个财经工作的宏观调控能力。因此，为了促进高校各项事业健康发展，高校必须集中管理财权。除独立核算、自负盈亏的校属经济实体可根据现行财务制度自行管理和使用外，其他校内各部门的资金无论来源如何都必须交由学校集中管理，统一调度，统筹安排，合理使用，防止学校财权分散、财源流失、资源浪费。

（2）集中执行规章制度

要保证财经工作"以制度管人，按规定办事"，全面体现全校"一盘棋，一个标准，一个调"的财务管理宗旨，就必须严格执行学校统一的财务规章制度，绝不允许出现校内部门各自为政、各唱各调的混乱无序局面。这样才能维护学校"统一领导"的权威性，维护学校正常的财经秩序，保证学校全面协调、健康、可持续发展。

（3）集中管理会计事务

会计信息的真实、准确、完整和及时是高校进行宏观经济调控的关键，是衡量高校资源配置是否优化、预算管理是否有效、财务规章制度是否落到实处、经济效益是否更好的基础。因此，高校必须集中管理会计事务，全面贯彻执行"八个具体统一"，把高校所有经济活动和会计资料全部纳入学校财务部门集中管理，集中核算，统一财务收支，统一资金管理，只有这样才能保证会计信息的全面、完整、准确、及时，才能客观真实地反映高校教学科研活动的结果，真正体现学校雄厚的资源实力，切实为学校"理好财，管好家"，当好参谋，做好助手，促进高校健康、可持续发展。

（4）集中管理会计人员

高校会计人员既是国家及学校财经法纪最忠实的执行者和守护者，也是教育资金安全最有力的保障后盾，还是会计信息生成的直接责任人，更是教育资金使用支付的最后一道牢固防线。因此，为了应对日趋复杂的高校理财环境，净化高校财经秩序，保证财务规章制度的严格有效执行，保护国有资产的安全完整，保证会计核算资料的客观、真实、全面、完整，高校必须对本校会计人员实行集中管理，统一职称职务评聘，集中考核奖惩，统一会计业务处理标准和要求，全面提升会计人员综合素质，以保证提供高质量的会计信息。

"统一领导，集中管理"体制的优点在于政策统一，行动统一，财权集中，管理集中，有利于高校优化资源配置，提高资金管理效益；缺点是统得太多，管得太死，校内各部门缺乏必要的自主权，责、权、利相脱节，难以充分调动校内各部门生财、聚财、理财的积极性，无法处理好集权与分权的关系。

（二）"统一领导，分级管理"体制

分级管理，是一种既能调动校属各部门和教职工的积极性，又能保证学校各项事业全面协调发展的财务管理运行机制。它在全面保证高校"五个统一"的前提下，按照事权与财权及责任相结合原则，实行"重心下移、责权下放"，适当下放资金自主权、管理权、支配权，把高校事业计划和与之相适应的收支

预算下达至校内各二级部门，校内二级部门在下达的预算经费范围内享有自主管理权和自主支配权，以此充分调动高校所属二级部门生财、聚财、理财、用财"四财一体"的积极性，充分发挥其增收节支的自主性和创造性。学校通过采取严格的预算管控和监督考评办法来实现宏观调控职能，促进高校所属各部门有效使用资金。

1. 分级管理的原则

高校实行分级财务管理并不等于完全放开财权、事权，让校属各部门各自为政。校属各部门在具体实施时必须坚持以下原则。

第一，坚持无条件服从学校"统一领导，统筹安排"的原则。

第二，坚持严格遵循学校统一的财务规章制度的原则。

第三，坚持全面贯彻"谁管理，谁负责，谁使用，谁保证"的权责相当的原则。

第四，坚持有利于"宏观调控，微观搞活，统而不死，分而不乱"的原则。

第五，坚持有利于调动校属各部门增收节支积极性、创造性的原则。

第六，坚持有利于强化预算管理，便于预算执行，提高资金使用效率的原则。

2. 分级管理的要求

高校实行分级财务管理，充分发挥校属各部门的积极性时必须满足以下要求。

第一，校属各部门只有在学校统一的财务管理框架下才享有预算下达的经费自主管理权、使用权和支配权。

第二，校属各部门必须坚持厉行节约、勤俭办学的方针，在年度经费预算额度内通盘考虑，全面规划，合理、有效使用每一笔预算资金。

第三，校属各部门必须服从学校的统一领导，在全面完成学校预算安排的教学科研任务的前提下，可以利用其各种优势开展社会服务，争取更多的社会资源投入高校教学科研活动中。

第四，校属各部门不得违规收费，不得私立银行账户和私设"小金库"，所有收入必须统一由学校集中收取，全额纳入学校预算管理。

第五，校属各部门可以根据学校统一的规章制度制订具体的实施办法或实施细则，在财务管理工作中，会计核算业务必须服从学校的管理，接受学校财务部门的领导、指导和监督。

3. 分级管理的形式

第一种是完全独立核算，具有独立法人资格，可以独立承担民事责任，享有民事权利的"自主经营，独立核算，自负盈亏"的社会经济实体，如校办印刷厂、出版社、医院、资产经营公司、技术转移中心等营利性或非营利性经济组织。高校对它们的管理原则是自主经营，自负盈亏，利润按比例上缴。

第二种是完全独立核算，但不具有独立法人资格，不能独立承担民事责任、享有民事权利的经济实体，如校属后勤产业集团、校属工会等。高校对它们的管理原则是有偿服务，经费补助，超支不补，节余留用。

第三种是无法独立核算，不具有独立法人资格的校内各职能部门、教学院系。高校对它们的管理原则是预算管理，项目控制，绩效考评，严禁超支。

4. 分级管理的主要内容

一级：校级层面，包括学校层面和校级财务机构层面。

学校层面，成立财经工作领导小组，在学校党委领导下统一领导和协调学校的财务管理工作，实行重大经济问题集体决策制度、专家咨询制度和决策责任追究制度。凡事关学校发展全局的重大经济事项，如重要财务管理制度、重大经济决策、重大投资（融资）项目以及年度财务预算等，必须组织相关专家进行科学论证，经财经工作领导小组集体研究后交由学校校长办公会、学校党委会讨论决定。

校级财务机构层面，学校财务机构作为负责学校财务管理的综合机构，在校长和分管财务工作的副校长（或总会计师）的领导下，统一管理学校的各项财务工作，参与学校财经决策和有关规定的制订，对学校各类经济活动实施统一管理、集中核算和全面监督。

二级：校属各部门，包括校属经济实体和校属各职能部门、教学部门、教辅部门和科研部门。校属各部门在学校的统一领导和校级财务机构的指导下，负责建立健全本部门的财务管理办法或实施细则，履行经费管理和使用支配职责，承担相应经济责任。具体如下。

第一，校属各部门必须在学校统一的财务规章制度下制订并实施本部门具体的财务管理办法或实施细则，并报学校批准或备案。

第二，校属各部门自主管理、统筹安排、自由支配和使用学校预算下达的资金，并保证经济业务活动和资金收付的合法性、合理性、真实性和效益性。

第三，校属独立核算的经济实体可以根据本部门的实际情况和管理需要，设置二级财务，如实核算，实时报告，依法接受学校的监督检查，服从学校安排。

第四，校属非独立核算的各部门可设置财务管理岗位，负责本部门的经费收支预算和报销工作，但不得设立独立账套，避开学校进行二级财务核算。

第五，校属各部门应努力增强财务管理创新意识，建立健全以院（部）为主体，与目标、任务、绩效挂钩的资源配置机制和公共成本分摊机制以及资源有偿使用机制，减少资源浪费，降低办学成本。

第六，校属各部门应当建立健全绩效考核和追踪问责制度，提高资金使用的安全性和效益性。

"统一领导，分级管理"的财务管理体制的优点是传承了"统一领导，集中管理"体制的优点，实现了"重心下移，责权下放"的宗旨。具体表现为，既能充分调动校属各部门的积极性、创造性，又能科学理顺财务关系，保证了"权、责、利"的高度协调和统一；既能集中资源优势，优化资源配置，提高资金管理效益，又能进一步下放财权，给下级单位足够的资金管理自主权以作为承担相应责任的物质保障；还能够通过全面的监督制约考评奖惩机制保证两个级别（校级和校属各部门）的权力得到合法、适当地运用，有利于真正实现高效、廉洁、和谐的"政资分离，政校分开，权责明确，管理科学"的现代化高校建设目标。但值得警惕的是，高校必须健全与之相对应的科学的财务规章制度、资产管理制度、学校资源使用和成本分担制度、经济责任制度、监督检查制度、绩效考评奖惩制度等，只有这样才能确保不会出现各自为政、权力滥用、管理混乱、腐败成风的不良现象，才能确保高校财务管理统得有效、管得到位、放而不乱。

二、我国高校财务管理模式分析

本书采用问卷调查的方法对国内高校的财务管理现状进行了调查，选取了在学校规模、管理体制等方面都有一定代表性的国内十一所高校进行调查，并走访了一些高校财务工作人员，这十一所高校包括教育部直属高校 6 所、工信部所属高校 1 所、省属高校 4 所。

下面对调查结果进行分析。

（一）校级财务管理调查分析

在对高校财务管理体制的调查中，有 2 所学校实行的是完全集中的财务管理体制，学校财务权力高度集中，学校统一管理所有资金，二级学院基本上无财务管理自主权；有 6 所学校实行的是非完全集中的财务管理体制，财权绝大部分集中于校级管理部门（或职能部门），二级学院财务权限较小；有 2 所学校实行的是非完全分散的财务管理体制，二级学院拥有较大的财务自主权，有一定的财务运作空间；有 1 所学校实行的是完全分散的财务管理体制，二级学院拥有充分的财务自主权，自行发展，学校只实行间接管理。

在对财务核算和管理模式的调查中，有 3 所高校采用的是集中核算、集中管理的模式；6 所高校选择的是集中核算、两级管理的模式；2 所高校选择的是集中核算、分级管理的模式。

从上述调查数据可以看出，调研的高校中绝大部分高校的财权仍集中在校级。多数学校将主要的资金统一调度使用，教职工工资、水电费支出以及大部分开支由学校及职能部门控制，二级学院的自主权十分有限。这种现状显然与高校现有的规模和发展的要求不相符合，需要进行两级财务管理模式改革。通过调查得知，一些学校正在筹备推行校院两级财务管理，或已经开始逐步实施两级财务管理，这也将是国内规模较大高校财务管理的发展方向。近年来，随着高校规模的不断扩大，财务管理模式改革的不断深入，高校内部出现了以下放财权、提高活力为重点的分级财务管理体制探索，并取得了明显的成效。在分权管理上，各个学校虽有一定的差异，但总体来讲分权管理的程度还是不够，还不能充分调动二级学院的办学自主性。

目前，我国很多高校实行以学校为主体，由学校制订总体办学思路，各职能部门分块实施的管理模式。这种管理模式在学校建立初期对学校发展起到了积极作用。高校要实行何种财务管理模式，要根据本校的具体情况、类型、规模和管理特点来确定。目前，我国部分高校已具有相当的规模，如果只注重集中统一的管理，实行的只能是粗放式管理，而很难做到精细管理。因此，学校的管理重心应该逐步下移，由校机关下移至二级学院，使校级领导和管理阶层更注重发展目标和方向等战略性的问题，而不是局限于具体的事务性工作之中。

（二）院级财务管理调查分析

在对二级学院是否有专门财务制度的调查中，1 所高校选择"没有"，1 所高校选择"有较全面的财务制度"，其余 9 所高校选择"有财务制度但不全面"。

在对院级财务管理制度应包含的内容的调查中，90% 以上的学校认为应包含预算编制、制订分配政策、预算监督及控制，一些高校认为还应包含绩效评价。在对二级学院是否自行编制预算的调查中，6 所高校选择"是"（占54.5%），5 所高校选择"否"。在是否实施会计委派制的调查中，5 所高校选择"是"（占 45.5%），6 所高校选择"否"。

在对二级学院预算经费采取的管理模式的调查中，3 所学校选择"全额由院长统筹管理"，6 所学校选择"分管院长分块管理，专款专用"，2 所学校选择"按学校年初编制的预算执行"。

在对学院是否应实行民主理财的调查中，95% 以上的高校认为应该实行民主理财。对于实行民主理财的方式，高校普遍认为应该是年初对预算进行审查，年末对财务收支进行审查。

在对校院两级财务管理存在的问题的调查中，主要有以下几方面的问题：二级学院承担的责任与权利不对等；水、电、暖等公共性费用学校统包，不能调动二级学院的节约积极性；对二级学院的预算考核，未建立相应的跟踪、分析和评价制度。

通过调查访谈发现，无论是学校领导还是院级领导、财务负责人、一线教师等对于赋予学院财务自主权都有一定的呼声；同时在放权的限度和操作方面存在有待继续探讨的争议、分歧。借鉴我国部分大学在校院两级财务管理方面取得的成功经验，我国高校在两级财务管理改革中要赋予二级学院在人、财、物等方面的办学资源管理权和经费使用自主权，使学院真正成为充满活力的办学实体。在赋予学院更多自主权的同时，必然要求学院承担更大的责任，同时对学院自身的管理水平也提出了更高的要求，学院需要健全内部管理制度，形成有序、高效的运行机制。

第五节　高校后勤管理现状分析

高校后勤管理工作对高校的发展来说意义重大，直接影响着高校的正常运行，是高校开展教学工作的前提。因此，高校后勤管理工作受到了高校的普遍重视。但是，随着高校的改革和发展，传统的高校后勤管理已经无法适应高校的发展，高校后勤管理必须积极改进管理理念与管理方法，提高管理质量，从而保证高校的正常运行。同时，高校后勤管理工作对高校的教学工作有重要影响，只有做好了高校后勤管理工作才能保证高校教学工作的正常开展。

一、服务意识较为淡薄

服务作为高校后勤工作的基本宗旨，在后勤文化建设中具有重要意义。同时，后勤管理和服务水平直接体现着高校综合管理水平的高低。但当前部分高校管理人员对后勤服务工作不够重视，多数管理人员将主要精力放在了高校安全、教育与环境建设等方面，对于后勤在学生思想教育及行为习惯养成等方面的重要性较为忽视，部分管理人员甚至认为保证校内安全便是对后勤工作职责的履行，文化育人只需交给教学课堂即可，导致后勤部门对自身文化育人职责履行的意识淡薄，学生在行为习惯方面放松了对自己的要求，育人作用不够明显。

二、综合管理体制较为欠缺

长久以来，后勤部门的主要职责是为广大师生提供便利服务、满足师生需求。但如今部分高校的后勤工作逐渐暴露出管理体制不完善等问题，如后勤设施设备的资金投入比例不够、员工晋升机制不完善等，导致优秀后勤人员流失的现象较为严重。同时，后勤管理工作长期处于分散状态，缺少有组织、有计划的管理，未形成长效激励机制和管理机制。

三、后勤文化建设形式较为单一

高校后勤文化大多以高校整体发展目标为导向开展育人工作，但在建设过程中存在表现形式单一等问题，未能形成具有特色的后勤文化，难以发挥育人功能。比如，在校园物质文化建设中，后勤人员结合互联网技术构建后勤文化的形式较为缺乏，后勤评比等文化活动开展得较少，后勤人员只是在机械地重复每日的工作，文化元素融入程度不足。同时，后勤各部门管理人员对后勤文化的宣传力度不够。长期以来，与高校后勤工作有关的内容占据了校园网站、微信公众号等的主要版面，使得后勤人文内容比例太低，难以发挥文化育人作用。

四、高校对后勤管理工作的重要性缺少足够的认识

受传统教育观念的影响，有些领导对于后勤工作的重要性缺乏足够的认识，对后勤队伍建设的重视力度不够，重教学重德育而轻后勤的观念根深蒂固，使得后勤队伍的岗位设置不完整、不科学，工作分工不明确，劳动报酬偏低，致使后勤工作人员的工作热情与积极性不高，很多具有专业技能和管理能力的人都不愿意到后勤管理部门去工作，从而助长了后勤管理队伍的不稳定。

五、高校后勤管理人员配置不合理

从目前普遍存在的情况来看，高校后勤人员配置不合理也是制约后勤发展的一个重要因素。现在在学校中工勤系列的在编后勤人员已经为数不多。现有的后勤队伍通常由以下三部分构成：自行聘用的临时人员、由其他部门分流到后勤的人员、正式招聘的专技人员，其中临时聘用人员占绝大部分，而真正从高校毕业的专技人员占的比例最小。

后勤队伍中绝大部分的临时聘用人员普遍学历不高，知识面较窄，而且缺少必要的岗位专业知识与技能；从年龄来看，年龄趋于老龄化，年轻人员较少，整体队伍缺少生机与活力；从技术层面看，这部分人员的技术素质不高。

第三章　现代高校教学管理探析

随着我国社会的不断发展，各行各业对人才的要求也越来越高，这就需要高校转变传统的教学模式，有效提高学生的学习能力和实践能力。教学管理工作作为高校教学的重要环节，是调整教学模式、实现人才培养目标、提高教学质量的关键。本章分为教学管理与高校教学管理、高校教学计划与运行管理、高校教学管理信息化延伸发展三部分，主要内容包括教学与大学教学的关系、高校教学管理制度的主体与客体、高校教学计划管理、高校教学运行管理等方面。

第一节　教学管理与高校教学管理

一、教学与大学教学的关系

（一）教学与高校教学

1. 教学

教学是教育学中最基本的概念之一，它是一个看似很简单，实际相当复杂的概念和术语。

华东师范大学叶澜教授等人对此有过如下的论述：什么是教学，这一看上去很简单的问题其实颇为复杂，诸多关于教学的定义总是难以与教育相区别，也难以与智育相区别，甚至与课程也总是混淆在一起。教学是以学生掌握知识为直接目标所开展的师生双边的交往活动。叶澜教授关于教学的定义主要是从学术意义上来界定的。从实践形式上讲，教学是学校教育最基本的活动，是最能体现教育活动特点的方面。

华中师范大学王道俊教授等从实践意义上给教学下了如下的定义：教学是

教育目的规范下的、教师的教与学生的学共同组成的一种教育活动。在我国，教学是以知识的授受为基础的，通过教学，学生在教师的有计划、有步骤的积极引导下，主动地掌握系统的科学文化知识和技能，发展智力、体力，陶冶品德、情操，形成全面发展的个性。所以，教学是学校实现教育目的的基本途径。

上述两种关于教学这一基本概念内涵的界定，与《辞海》（教育心理分册）对教学所下的定义基本上一致，即教学是教师的传授和学生学习的共同活动，是学校实现教育目标的基本途径。这种师生双边活动，可以使学生在德、智、体、美等多方面都得到发展。

古今中外许多教育家和学者很早就从教学活动入手，探讨各种教育理论和实践问题。这说明教学是教育的一项基本活动。但是，同对教育学其他许多概念的理解和认识一样，人们对教学这一概念的认识，随着时间的推移和教育实践的深入，总在不断深化。对教学与外部环境联系的认识，由封闭性逐渐走向开放性；对教学活动中信息传递途径的认识，由单一性逐渐走向多样化；对教学活动组织形式的认识，也发生了很大的变化；对不同层次教学活动特点的认识，由笼统的对共性的认识走向在共性基础上对特殊性的认识。由此不难看出，教学是一个不断发展变化的概念。

2. 高校

什么是高校？从组织学角度看，高校是一种既古老又现代的社会组织。自高校诞生之时起，其外在形式、内部结构、基本职能等都不同程度地打上了时代的烙印。在传播、选择、创造与整合人类文明方面，高校发挥着无与伦比的作用，扮演着无可替代的角色。但是，作为一种社会组织，高校与政府和企业等社会组织存在较大的差别。高校区别于其他社会组织的特殊性就在于其教育性和学术性。教育性是一切学校的共同属性，而学术性才是高校区别于其他教育机构，区别于其他组织的个性特征。教育家蔡元培给高校下了这么一个不能称其为"定义"的定义："高校者，研究高深学问者也。"

作为高等教育系统的子系统和组成元素，高校主要通过开展教学、科研、社会服务等基本活动履行其社会职能，彰显并创造其自身价值。"我们常常把高等教育看成这样一种教育，它传递高层文化，研究高深学问，造就高级人才。这样的教育所依据的是一种高校精神，即在科学上追求至真，在道德上追求至善，在文化艺术上追求至美的精神。"因此，我们可以把高校称为传播高级文化、探究高深学问、培养高层人才的专门教育机构。

诚然，就外延而言，高校包含多种类型、多种形式、多种层次的高等教育机构。如普通高校、成人高校，普通本科院校、普通专科学校，全日制高校、电大和业余函授高校，实体高校、虚拟高校等。本书着重探讨当前我国普通本科教育院校（含全日制高校和学院）的教学管理制度及其改革，对其他类型、其他层次和其他形式的高等学校的教学管理制度不做专门研究。

3. 高校教学

高校教学是教学的下位概念。与普通中小学相比，高校教学过程虽然也是由学生、教师、教学内容和教学手段等基本要素构成的，但是这些基本要素在教学过程中的相互关系与活动结构是不同的。相同的要素在不同的结构中发生联系与活动，势必形成其联系与活动的特殊性，形成各要素间特殊的矛盾关系。与普通中小学相比，高校的教学过程具有专业性、探索性和实践性等基本特点。

（1）高校教学过程具有鲜明的专业方向性

高校教学过程是实现人才专业化的一种过程。随着年级的上升，这种专业化程度逐步提高。这一特点是由高校培养高级专门人才这种基本的教育目标所决定的。虽然不同层次、不同类型的高校和不同科类的专业，在人才培养规格上存在差异，其教学内容、教学形式和教学方法等各有侧重，但是，专业性则是它们共同的属性。从国际视野看，无论哪一层次的高等教育，其课程计划都是围绕培养人才而设计的，教学过程和管理都围绕专门人才的需求来完成，以便他们离开高校后经过或长或短的职业适应期就能承担某种专业性的工作。

（2）高校教学过程具有很强的探索性

与其他较低层次的学校相比，高校教学除了传授已有知识外，还担负着发现未知和培养学生探求新知的能力的任务。这样，高校教学过程包含教学和科研两种因素，二者是紧密结合在一起的。高校教学过程的探索性也是由高校培养创新型高级专门人才的教育目标决定的。

（3）高校教学过程具有较强的实践性

高校教育是学生走向社会、走向职业岗位的最后阶段。为了培养具有较强职业能力的专业人才，尽可能缩小教学与社会实践的差距，顺利完成职前教育向职业实践的过渡，缩短其职业适应期，必须使高校教学过程具有专业实践性。在这方面，无论学术型还是职业型的高等教育，其面临的任务都是相同的。一般说来，中小学教学过程的实践是便于教学而设计的，是简化了的实践，其目的在于传授前人发现的知识或验证已知；而高校教学过程中的实践是接近于真实环境或者就是在实际工作场所完成的教学实践，具有很强的专业方向性，其目的除了验证已知和传授知识外，还承担着证明学生本人的设想、获取直接经验、培养学生专业实践能力的重任。

总而言之，高校教学是比普通中小学教学更为复杂的一种实践活动。它不仅表现在课堂教学上，而且体现在自学、科研和社会实践等多个环节中。虽然现在我国普通中小学也越来越强调社会实践和探究性学习等，但是，这与高校教学过程的探索性、实践性等特点还存在着质的区别。

（二）教学管理与高校教学管理

可以说，有了学校教育，就有了学校的教学管理。然而，人们对教学管理规律的认识，则是随着社会生产的发展和学校教育的变革而逐步深化的。至于说什么是教学管理，学术界至今没有取得一致的认识。这里介绍几种比较有代表性的观点。

第一种观点认为，教学管理是学校管理者遵循管理规律和教学规律，科学地组织、协调和使用教学系统内部的人力、物力、财力、时间、信息等因素，确保教学工作有序、高效运转的决策和措施。

第二种观点认为，教学管理是为实现教育目标，根据一定的原则、程序和方法，对教学活动进行计划、组织、领导和控制的过程；教学管理的实质就是设计和保持一种良好的教学环境，使教师和学生在教学过程中高效率地达到既定的教学目标。

第三种观点认为，教学管理就是指学校管理者根据教育方针、教学计划、教学大纲的要求，根据教学工作的规律，运用现代科学管理的理论、方法和原则，通过计划、组织、检查、总结等管理环节，对教学的各个方面、各个要素、各个环节，进行合理组合，以推动教学工作正常地、高效率地运转。

从上述论点不难看出，人们习惯于把教学管理定位于学校管理层面，认为教学管理主要是学校内部的管理。这当然不错。但这只是对教学管理的一种狭义的理解。从广义上说，教学管理应当包括宏观和微观（学校）两个层次。宏观层次是指教育行政机关对各级各类学校和其他教育机构教学的组织、管理与指导。这种界定虽然更加全面，但也忽视了这样一个事实：在我国，除了政府教育行政主管部门之外，各级党组织、人大、政协、共青团、教育学会（协会）等机关和团体，也多少对学校的教育和教学活动起一定的作用。因此，宏观教学管理界定为，主要是指政府教育行政主管部门对各级各类学校和其他教育机构教学的组织、指导与管理。

教学管理是学校管理的下位概念，它同学校管理的其他活动之间存在密切联系。因而，一谈起教学管理，人们很容易联想到学生管理和教师管理。这里分别对教学管理与教师管理、教学管理与学生管理的联系与区别进行简要分析。

狭义的教学管理和教师管理、学生管理都属于微观（学校）管理的范畴。从分类标准上看，三者所依据的标准是不同的。前者以内容或任务为分类标准，后两者以人员或对象为分类标准。即教师管理和学生管理是相对于学校管理中的财、物、时间、信息等要素而言的管理活动。

教学管理与学生管理之间存在着紧密的联系。学生既是教育的对象，又是学习的主体。不能离开学生来谈教学，也不能离开教学来谈学生。但教学管理与学生管理不是种属关系，即不是包容与被包容的关系，二者有着不同的内涵。学生管理中有许多属于教学管理的内容（如学籍管理、学业成绩、档案管理等），但学生管理中还有许多教学管理所不能涵盖的内容（如学生行为规范管理、学生社团管理等）。

教学管理与教师管理之间也存在密切的联系。从一定意义上讲，教师是教学活动的主体，在教学过程中发挥主导作用。故不能离开教师来谈教学，也不能离开教学来谈教师。但是，两者之间并非种属关系，它们各自具有不同的内涵，侧重点也不一样。教学管理侧重于教学过程和教学质量的管理，教师管理则侧重于教师的选拔、使用、考核和激励等。

按照前面的界说，狭义的高校教学管理即微观层次的高校教学管理，指高校教学管理者按照教学和管理活动的基本规律，对教与学双边交往活动进行计划、组织、协调、控制和评价，使其达到既定目标的活动或过程；广义的高校教学管理除包括微观层次的高校教学管理外，还包括宏观层次的主要由政府教育行政管理部门实施的高校教学管理。

教学是高校的中心工作，教学管理是高校管理的核心部分。高校教学管理的内容十分庞杂。按照教育部颁发的《高等学校教学管理要点》的规定，高校教学管理的内容包括教学计划管理、教学运行管理、教学质量管理与评价，以及学科、专业、课程、教材、实验室、实践教学基地、学风、教学队伍、教学管理制度等教学基本建设的管理。

可见，高校教学管理头绪繁多，内容琐碎。它与高校内部的其他管理活动（如科研管理、教师管理、学生管理、后勤管理等）存在着十分密切的联系。

（三）制度与高校教学管理制度

教育制度和高校制度是制度的下位概念，高校教学管理制度又是教育制度和高校制度的下位概念。探讨高校教学管理制度问题，首先应对制度、教育制度和高校制度等基本概念的内涵进行必要的界定。

1. 制度

按照《现代汉语小词典》的解释，"制度"有两种基本含义：一是要求大家共同遵守的办事规程；二是在一定条件下形成的政治、经济、文化等方面的体系。第一种解释与英语中的 Regulation，Rule，Order，Procedure 等单词的词义十分接近。第二种解释与英语中的 System 和 Institution 的意思更为接近。

新制度经济学家关于制度是一种规则或规则体系的观点，对于分析高校教学管理制度具有重要的启示。其代表人物之一道格拉斯·诺斯对制度是这样界定的："制度是一系列被制定出来的规则、守法程序和行为的道德伦理规范，它旨在约束追求主体福利的个人行为。"或者说，"制度是社会的博弈规则，或更严格地说是人类设计的制约人们相互行为的约束条件，用经济学的术语说，制度是定义和限制个人的决策集合"。这种界定强调组织内部各种关系的协调。

道格拉斯·诺斯关于制度的定义，其最可贵之处在于抓住了"行为规则""博弈规则""相互约束"这些关键点。但是他对制度进行界定时犯了两个错误：一方面，他过分泛化了制度的定义，似乎一切文化和意识形态都是制度的内容和形式，从而模糊了制度与非制度的界限；另一方面，他窄化了制度的定义，似乎只有"被制定出来的"或"人类设计的"规则或规范才是制度，把习俗、习惯和惯例排除在制度之外。正如高兆明所说："一是对制度做了过于宽泛化的规定，二是忽视了制度还是规范化、定型化了的行为方式与交往关系结构这一客观内容。"

制度的根本特征在于它的规范性和强制性。吉登斯曾将社会规范系统分为强约束力与弱约束力两类，认为那些通过话语表达并被正式化了的规范即法律，法律是最具有约束力的社会规范。当然，除了法律制度外，其他正式的制度规则也是一种外在的强制约束。凡生活在一个组织机构内的人，其行为都要受到某种正式制度的规制和约束，否则，就可能受到组织纪律或国家法律的制裁，从而为自己的违规行为付出某种代价。正如社会学家帕森斯所言，"制度不仅是组织的结构，而且是规范的模式，它用来规定在特定的社会中，什么是适当的、合法的或期望的行为"。

制度除了外在的强制性外，还有内在的强制性和权威性。制度不仅能维护人们的权利、自由、利益、地位，而且表现了人们共同的价值观、道德理念，因而可以得到人们的自觉遵守。在规范性方面，不管是法制性制度，还是惯例性制度，都具有比较浓厚的强制色彩。这种强制，一般是由制度制定机构的权威性（如国家），或制度在持久的形成、维系过程中凝固的权威性予以实施的。

因此，制度要想成为制度，本身就必须有一个"制度化"过程。帕森斯注重从动态的角度进行制度分析。他试图勾勒制度形成和变化的轨迹，因而产生了"制度化"的思想。他认为，当具有不同价值取向的行动者互动时，他们逐渐形成了协定，并确立互动模式，这一互动模式变得"制度化"。所谓制度化，是指"一定地位的行动者之间相对稳定的互动模式"。在帕森斯看来，这种制度化是社会系统概念化的关键。

制度来源于人类的实践活动。从认识的起源看，制度的原始来源不可能是一种纯粹的观念。它先于人们的实践活动。但是，制度同一般的实践活动并不相同，它是在人们对实践活动的价值获得认识后，对未来实践活动的方向所进行的规定。因而，制度总是一定思想、观念和理念的反映。

虽然必须以人对实践活动价值的认识为前提，制度在其构成的直接来源上，却不局限于实践，而更涉及一种观念、理论或理念。不仅如此，社会发展的程度愈高，制度对观念、理论或理念的依赖就愈明显。因此，制度化实际上意味着：一方面，将某一或某些在较小范围内进行的实践活动，经过评价认定后，推广到更大的范围中，以影响更多人的实践活动；另一方面，将某一或某些观念、理论或理念规约化，借以建立、调整或限制相应的实践活动。

制度是理念和实践的结合体。制度之所以为制度，它首先是一种理念化的东西。与单一的学术观点表达和纯粹的理论研究不同，制度的理念化并不意味着制度仅仅是一种理念。相反，制度的理念化乃是为未来的实践活动提供一个坐标。根据这个坐标，相应的实践活动都会在其中获得相应的位置。因此，制度又带有明显的可操作性成分。这种可操作性为制度提供了规范实践活动的基本依据。由于制度涉及理念和实践两个层面，所以制度化的情形十分复杂。

制度、体制、机制、规制等是一组联系十分密切而又存在一定区别的概念。按照《现代汉语小词典》的解释，体制是指国家机关、企业、事业单位的组织制度。而按照《辞海》的解释，体制是国家机关、企业和事业单位机构设置和管理权限划分的制度。由此看来，体制主要是行政管理学上的"制度"，它主要是指行政机构设置、管理权限划分和隶属关系。教育体制是国家各级教育行政机构和企事业单位的教育行政机构设置、隶属关系、权限划分等方面的体制和制度的总称。按照这种解释，英语中 Institution 这个单词与我们所说的体制似乎更为接近一些。

讲到体制，我们又不能不提到"机制"。机制基本上可以理解为"动态的体制"或"动态的制度"。但是，也有一些学者试图从体制与机制的联系中，赋予机制特有的内涵，认为体制是社会系统中各要素的体系结构及规定其间相互关系的制度，机制是社会系统运行的各构成要素相互联系、相互作用的手段、方式及其原理；机制是体制的内在属性，是体制的基础，体制则是机制的物质载体。

最近几年，"规制"一词在国内学术界使用得比较频繁，而且大有取代"制度"和"体制"的意味。国内有位学者从经济学角度对"规制"的内涵做了界定。他认为，规制是由行政机构依据有关法规制定并执行的直接干预市场配置机制或间接改变企业或消费者供需决策的一般规则或特殊行为。他还提出，规制首先是由特定的行政机构执行的；规制行为的依据是相应的法规，这些法规可能来源于宪法或其他由立法者制定的法律，也可能来源于行政机关依据授权原则制定的具体规章。与"规制"相反的是"放松管制"或"放松规章限制"。提起制度这个概念，人们通常容易把它理解为一种条文化的东西。这实际上仅仅是对制度的一种狭义理解。制度应当包括条文型（打印成文的规章制度和言行规范）、习俗型（非文化的群体积淀形成的习俗、习惯、风气等）和口授型（由领导人和管理者通过会议等形式经常、反复强调的常规要求）三种表现形式，而条文型制度是制度的最基本形态。

综上所述，制度是一种规则或规则体系，是理念与实践的结合体；条文型制度是制度的最基本形态。制度、体制（含机制）、规制等概念，它们之间联系十分密切，但在本质上并无太大区别，只不过各有所侧重而已。

2. 教育制度

按照《中国大百科全书·教育》的解释，教育制度有两种基本含义：一是指根据国家的性质制定的教育方针的总称；二是指各种教育机构的系统。后者按范围大小又有几种不同的内涵：一是泛指有组织的教育和教学的机构体系，包括学前教育机构、各级各类学校教育机构、成人教育机构、少年儿童校外教育机构以及各级教育行政组织机构等；二是专指各级各类学校教育制度，包括各级各类学校的性质、任务和它们之间的衔接关系，以及学习条件、学习年限等（简称学制）。

关于教育制度的内涵，还有一种比较有代表性的解释：教育制度是指受一定社会的政治、经济、文化和学生身心发展特点制约的，旨在实现教育目的的社会公认的组织系统。它通常由两个方面构成，即得到社会公认的、依据法令形成的法制性教育制度和出于社会生活需要而自然产生并固定下来的、社会惯行的教育制度。相对于《中国大百科全书·教育》的解释，这种解释似乎更全面一些，即教育制度包括法制性制度和惯例性制度两种基本形态。

四川师范大学李江源博士对教育制度做了比较深入的研究。他认为，一个完整准确的教育制度定义，至少应当包含以下几个基本的方面：教育制度是教育活动的规则，教育制度是"社会的"制度，教育制度具有程度不同的权威性或强制性。在此基础上，他将"教育制度"概念界定为"用以调整个体行动者之间以及特定教育组织内部各行动者之间关系的强制性或权威性的行为规则体系"。

根据前面关于制度的界说，教育制度既是一定的教育思想和观念的具体化和操作化，又是教育实践的抽象规定。我们应当关注隐藏在教育制度背后的教育价值观、教育思想和教育理念。"以往的教育制度分析着力于社会政治分析，主要从权力关系、阶级关系着手揭示教育制度的社会实质。它之所以错误，在于它天真地相信：只要我们揭穿了教育制度的'丑恶'嘴脸，并理性、审慎地进行制度设计，就可以实现教育制度的革新。"这里批评的是对教育制度背后隐性因素的忽视。这种隐性因素主要是指教育价值观、教育思想、教育理论和理念。

大学教育制度是教育制度的下位概念。近年来，大学教育制度的研究受到国内学术界的关注，并正在成为研究热点之一。但是，从现有的研究成果来看，人们对大学教育制度的理解并未取得一致的看法。厦门大学邬大光教授在《现代大学制度的根基》一文中提出：大学制度一般可以从宏观和微观两个层面进行界定。宏观的大学制度是指一个国家或地区的高等教育系统，包括大学的管理体制、投资体制和办学体制等；微观的大学制度是指一所大学内部的组织结构和运行机制，包括组织结构的分层、内部权力体系的构成等。这是一种较有代表性的观点。

3. 高校教学管理制度

科学的教学管理制度，对于建立稳定协调的教学秩序，调动各方面的积极性和创造性，提高教学质量和管理效率具有重要意义。到底什么是教学管理制度，这个问题在高等教育界也是有争议的。

有一种观点认为，大学教学管理制度是指计算和衡量学生学习活动的数量和质量的制度。由此，大学教学管理制度分为学年制和学分制两种，或者学年制、学分制、学年学分制三种。就学年制和学分制这两种基本制度来讲，这种定义本身没错。但是，这种理解把大学教学管理制度的外延大大缩小了。

按照《新编教育管理学》的观点，教学管理制度是为强化教学管理，稳定教学秩序，加强教学质量控制而制定的教学规章、制度、条例、规则、细则、守则等，是全体师生和教学管理人员必须共同遵守的教学行为准则；它是教学管理系统的重要组成部分,是实现教学管理科学化和教务工作规范化的基础。这种定义显然比前面那种解释更加合理,比较符合我国学校教学管理制度的实际状态。

参考道格拉斯·诺斯等新制度经济学家以及帕森斯等社会学家关于制度的理论,本书把大学教学管理制度理解为大学教学管理系统中规范和协调人与人之间关系的规则(或规则体系),主要关注教学管理者与被管理者(教师与学生)之间关系的协调。即不把大学教学管理制度仅仅看作教学管理的系统或体制,也不把它仅仅看作教学管理活动的行为规范,而将它视为大学教学管理组织制度和各种操作性规章制度的总和。因此,用英语中的 Institution 或者 Regulation 表述更加合适。

通过上面的分析,可以对高校教学管理制度的内涵做如下的界定:大学教学管理制度是人们在一定的教育管理思想和理念的指导下,根据人才培养目标要求所制定的对大学教学活动进行计划、组织、协调、控制和评价的基本制度。更具体地讲,大学教学管理制度是实施大学教学与教学管理活动的基本程序与规则,是调节大学教学管理者与大学生、大学教学管理者与教师、大学教师与大学生、上级管理者与下级管理者之间关系的机制,是高等教育和高等教育管理思想、观念和理论向大学教学管理实践转化的中介,也是大学教学与教学管理改革成果的固化和外显形式。

高校教学管理制度是协调和稳定教学秩序、调动和维护教学的积极性和创造性、保证和提高教学质量与管理效率的重要手段。教学管理制度在大学教学和教学管理中发挥着约束、导向、激励等多种功能。这些功能突出地表现在:统筹教学需求,配置教学资源,协调教学活动,规范教学行为,整合教学要素,评鉴教学效果,调动和维护师生的积极性。

教学管理制度改革是大学教学和教学管理改革的重要内容,是大学教学基本建设和教学常规管理的基本环节。在 21 世纪,我国大学正在积极推进本科人才培养模式的改革,而新的人才培养模式要求新的教学管理制度与之配套。

二、高校教学管理制度的主体与客体

(一)两种不同的管理主体观和管理客体观

一切管理活动中的管理主体(管理者)与管理客体(被管理者)是对立统一的关系。所谓管理主体(管理者)是指具有一定管理能力并从事管理活动的人。管理主体(管理者)包括各级领导和各级管理人员。管理客体(被管理者)

是指进入被管理领域的人（进入被管理领域的还有物、时间、信息等非人的因素）。可见，作为管理主体的人（管理者）与作为管理客体的人（被管理者）是存在区别的，二者之间是管理与被管理的对立统一关系。也就是说，在管理活动中，在特定的条件和范围内，管理主体（管理者）与管理客体（被管理者）有着确定的界限，各自履行不同的职责和权利，二者的地位也不相同，前者处于指挥地位，后者处于服从地位。

但是，在管理活动中，作为管理主体的人（管理者）和作为管理客体的人（被管理者）是相互关联而存在的。二者互为前提，任何一方都不能孤立地存在。参与管理活动的人们，不是单纯的自然存在物或生物存在物，而是社会关系的体现者，他们按照自己作为社会人的尺度，按照自己的目的来改造、创造和适应环境。可见，在管理活动中的管理主体（管理者）与管理客体（被管理者）的相互关系，关注着人的本质，实现着人的本质；管理活动要按照人的本质、人的本性进行协调和控制。在管理活动中，实际上存在两种管理模式：客体管理和主体管理。

管理者把被管理者仅仅当作客体来管理的模式，称为"客体管理"。在客体管理观念和模式下，管理者和被管理者之间纯粹是一种主体与客体的关系：管理者是主动的，被管理者是被动的；管理者处于权威地位，被管理者处于从属地位；管理过程是自上而下的单向过程，被管理者被排斥在管理过程之外。基于客体管理的制度是一种刚性的管理制度。

管理者不把被管理者仅仅当作客体来管理的模式，称为"主体管理"。在主体管理观念和模式下，管理者和被管理者都处于主体地位，二者之间是主体与主体的关系，两者只有分工的不同，没有地位高低之分；管理过程是以管理者为主导，管理者和被管理者共同参与、互相协调和双向统一的过程。主体管理也称为"参与式管理"。基于主体管理的制度是一种柔性的管理制度。

在任何管理活动中，"人"与"事"是一对基本的矛盾关系。但是，"人"是主导的方面，任何管理都必须依靠人，通过人去做成"事"。因此，人在管理中既是手段，又是目的，一切管理活动都应当坚持以人为本。以人为本，要求了解人的需要，激励人的积极性，尊重人的自主性，把个人目标和组织目标统一起来，实现管理主体和管理客体的统一；要求坚持人本管理与科学管理的有机结合，实现工具理性与价值理性的统一。学校管理活动应当实行主体管理，这是由现代教育特性和学校组织特点等因素决定的。

（二）不同管理观支配下的高校教学管理制度

高校教学管理是按照一定的管理原则、程序和方法，对教学过程中的人、财、物、时间、信息等资源进行调配，通过建立相对稳定的教学秩序，调动广大教师和学生的积极性，从而实现教学工作的目标，保证并提高教学质量和效率的活动。不同的管理主体观和客体观支配下的大学教学管理制度呈现出不同的特点。

首先，不同的管理主体观和客体观支配下的高校教学管理体制安排呈现出不同的特点。如果按照客体管理观来安排教学管理体制，大学就会选择集权管理模式，就可能出现教学的规划、决策、资源分配等权力较多地集中于校部，而院系在教学管理上处于从属和被动的状况。如果按照主体管理观来安排教学管理体制，大学可能会选择分权管理模式，就可能出现校部与院系分工负责、上下协调一致，院系教学管理活力大大增强的状况。我国大学内部的教学管理体制是在《中华人民共和国高等教育法》（以下简称《高等教育法》）以及国家高等教育管理的相关法规、政策下，由大学党委等领导机构组织确定的，它与大学内部管理体制改革紧密相关。不同管理主体观和客体观支配下的教学管理体制，其对大学教学管理工作的影响是不一样的。

其次，不同的管理主体观和客体观支配下的高校教学管理规章制度设计也呈现出不同的特点。如果按照客体管理观来设计教学管理规章制度，教学管理者就会成为制度的制定者、执行者、监督者，教师和大学生就会被看成纯粹的制度"受体"——制度施威的对象。这种情况下，制度只求体现管理者的意志，而较少考虑（或者基本不考虑）被管理者的愿望；而且，教学管理目标与教学目标可能会出现冲突。如果按照主体管理观来设计教学管理规章制度，教学管理者就会成为制度形式上的制定者（起草人）、执行者和监督者，广大教师和学生会充分参与到制度的制定、修改、执行和监督中来。这种情况下，制度既体现管理者的意志，也体现被管理者的愿望，充分体现管理者与被管理者在人格和契约上的平等；而且，教学管理目标与教学目标容易形成协调一致的局面。我国大学内部的教学管理规章制度一般是依据国家和政府制定的法律、法规和政策，在大学党委、校长和教学指导委员会等的领导下，由校部教学管理职能部门制定的；同时，院系在既定的管理职能和权限内，依据学校制定的教学管理制度，可以制定相关教学管理实施细则。不同的管理主体观和客体观支配下的教学管理规章制度，其对大学教学管理工作的影响也是不一样的。

教学管理是大学内部管理的重要组成部分。作为一种管理活动，它具有一般管理的基本属性，高校教学管理制度的设计应当遵循管理活动的基本规律和现代管理科学的基本原理。但是，大学教学管理系统具有自身的特殊性，它不仅区别于企业管理、政府管理以及其他事业性管理，而且有别于中小学的教学管理和大学内部的其他事务的管理。其特殊性主要源于大学组织的性质和特点，以及制度作用的主要对象——教师和学生的性质和特点。

系统中的教师和学生既不同于一般管理中的人的概念，也不同于教育领域中不同阶段的教师和学生的概念。高校教师作为具有较高学术水平的知识分子群体，学生作为接受系统高等教育的学习者，他们的价值观、行为方式以及对待管理的态度、接纳管理的能力等都有其特殊性的一面。因而，高校教学管理系统正是以管理科学为基础，从高校教学这一特殊管理活动出发，所形成的具有特殊性的独立系统。

因此，现代大学的教学管理应当提倡主体管理，应当秉承主体管理的理念，既注意发挥学校（上级管理者）和院系（下级管理者）两方面的作用，又注意调动教学管理者和师生（被管理者）两方面的积极性，形成学校上下协调配合、师生与管理者双向参与的良性管理格局。主体管理要求教学管理制度的安排，应妥善处理学校（上级管理者）与院系（下级管理者）之间、管理者与教师（被管理者）之间、管理者与大学生（被管理者）之间的关系。这三对关系是大学教学管理系统中的基本关系，它们之间的对立统一构成大学教学管理活动的基本矛盾。

第二节 高校教学计划与运行管理

一、高校教学计划管理

教学计划管理，是学校管理者为了实现预定的教学目标，按照国家统一设置的各年级学习科目，确定学校工作步调，设置和安排学校课程，指导、控制、总结和评价教学实践及其成果，保证培养合乎规格和标准的人才的活动。教学计划管理是高校教学管理的首要环节，也是提高教学管理效率的基础，它能保证教学管理工作的目标、过程和效果与学校管理的总体目标相统一，并能协调教学管理系统内各层次的目标、任务和行为。

（一）教学计划的要素与结构

高校的教学计划是按专业制订的。一个完整的教学计划一般包括专业培养目标、课程设置、教育教学环节、学时安排和学分数分配五个基本要素。

①专业培养目标，是制订教学计划的前提。它决定课程的设置和教学内容的取舍，规定了对学生的具体要求，也决定了教学环节的安排。

②课程设置，是教学计划的主要内容。教学计划中一般设置四类课程，即公共课、基础课和专业基础课、专业课、选修课。课程设置是培养规格在课程上的反映，是实现培养目标的根本保证。

③教育教学环节，指教育、教学全过程中的不同的活动形态。教学环节分为课程性教学环节和非课程性教学环节。课程性教学环节是课程教学所采用的各种活动方式，包括课堂讲授、课堂讨论、习题课、实验课、教学实习、考试课程设计和毕业设计等；非课程性教学环节是教育训练所采用的各种活动方式，包括入学教育、军事训练、公益劳动、科研活动、生产实习和社会调查等。

④学时安排和学分数分配。学时安排所反映的是学生在各个主要的教育、教学环节中应投入的时间和精力；而学分是课时分配、教师工作量安排等的依据。

（二）制订教学计划的基本原则

1. 发挥优势，突出特点

由于各高校的生源质量和范围、师资结构和水平、办学历史和条件、面向的地区和行业等具体情况不同，在制订教学计划的过程中，要正确处理国家对各专业人才培养的统一要求和本校的培养特色的关系，要注重本校的培养特色。教学计划有特色，专业才能有生命力，才能在激烈的竞争中保持自己的优势。

①在培养目标上体现特色。要结合本校的历史和传统，在分析本校优势的基础上，按照发挥优势的原则具体确定本校的培养目标，明确本校的培养方向。

②在课程体系上体现特色。继续保持与发展已有的优秀课程；对具有潜在实力的课程给予扶持，进一步建设成优秀课程；在加强优秀课程建设的基础上，调整课程结构，使课程结构体现特色，形成具有特色的课程体系。

③在培养模式上体现特色。关键是改变传统的人才培养模式，构建创新型人才培养模式，在创新上突出特色。

2. 以人为本，发展个性

教学计划应以学生为本，即以学生为出发点，以学生为落脚点，为发挥学生的主体作用、学生的自由发展提供更大的空间、更多的机会。

①培养目标的设计要在素质教育思想的指导下，处理好专业化与全面发展

的矛盾。把实现学生德、智、体等各方面的全面发展，身体、精神、情感、理智等各要素的协调发展，智力因素与非智力因素的和谐发展，作为总的目标和要求。

②课程设置要在全面发展方针和培养目标的指导下，兼顾学科的性质和专业特点，因校、因专业制宜，使学生的知识能力结构具有时代特色、学校特色和专业特色。学生的知识能力结构是确定各类课程的最优比例的出发点，要坚持共性与个性的有机结合。

③教学进度的安排要坚持统一性与灵活性的有机结合。既要使教学进度符合学生成长规律和教育教学的一般规律，又要使教学进度富有弹性，为学生根据自身的特点合理安排自己学业的进程创造条件。

④学时安排和学分分配要根据培养目的以及课程体系和教学环节的特点来确定。依据专业业务范围的侧重点和所设定的学生知识能力结构，对课程体系中的各类课程区别对待，制订合理的学时和学分的分配比重。

3. 强化能力，突出素质

对学生动手能力和创新能力的培养，符合高校培养高级专门人才的要求。高校教学计划的修订和完善必须坚持能力、素质协调发展，综合提高的原则，关键是在教学计划中强化能力培养，突出素质教育。

①要把培养学生掌握本学科、本专业必需的基础理论、基本知识和相邻专业的相关知识，使学生具有从事本专业实际工作和研究工作的能力及适应相邻专业业务工作的能力，具有独立获取知识、提出问题、分析问题和解决问题的基本能力及创新能力，具有良好的思想道德素质、文化素质、专业素质和身体心理素质，作为基本要求。

②要建立有利于培养学生的基本知识、基本能力、基本素质的课程体系，特别要注重教学的实践环节。实践教学环节是教学中普遍薄弱的环节，因此在教学计划中，要有意识地加以强调，使学生通过学习构建起适应终身学习及社会发展变化所需要的知识、能力和综合素质结构。

4. 完善结构，整体优化

制订教学计划，必须统筹规划，正确处理教学计划的各个方面、各个环节的关系，注重各个方面的协调和各个环节的配合，实现整体优化。

①注重课程设置与培养目标的协调。课程设置是教学计划的核心内容，直接关系到培养目标的实现。要以培养目标为核心，围绕培养目标设置课程。要严格按照教育部的有关规定设置专业课，并围绕专业课设置专业基础课和专业

选修课，形成以培养目标为红线的专业基础课、专业课和专业选修课相互协调的课程体系。

②注重理论教学和实践教学的配合。理论教学和实践教学是实现培养目标的"两翼"，缺一不可。要改变重理论教学、轻实践教学的做法，加大实践教学的力度，增加社会实践和社会调查的学时和学分，并把社会调查分布于各个学年，使理论教学和实践教学达到具体的、动态的统一，进一步丰富教学形式。

③正确处理专业基础课、专业课和专业选修课的关系，完善课程结构。课程体系是教学计划的重要方面，主要涉及专业基础课、专业课和专业选修课的关系。要坚持以专业课为核心，专业基础课夯实基础，专业选修课拓展、发挥学生个性的原则，按照教育规律和学生成长的规律，分阶段、分步骤设置各类、各门课程，形成各类课程相互协调、各门课前后衔接的课程体系。

④正确处理课程设置与学时分配的关系，合理分配学时。要以充分发挥学生的主动性和创造性、提高教学质量和办学效益为原则，合理安排教学全过程的学时分布、课内与课外的学时比例、必修课与选修课的学时比例、理论教学与实践环节的学时比例。

二、高校教学运行管理

教学运行管理是指按教学计划实施对教学活动的管理。其基本点是全校协同、上下协调，严格执行教学计划和各项制度，保证教学活动的有效进行和不断提高，保证教学质量。它主要包括以教师为主导、以学生为主体、师生互动的教学过程管理和以高校、院（系）教学行政管理部门为主体进行的教学行政管理两部分内容。

（一）教学过程管理

教学过程由课堂讲授、习题课、课堂讨论、实验课、课程设计、教学实习和生产实习、学年论文、考试或考察、毕业设计和毕业论文以及生产劳动、科研训练等若干环节所组成，是有序的，各环节互相依存、互相促进的统一整体。

教学过程管理是指教学管理者依据教学管理目标，按照教学特点和教学管理规律，在教学原则的指导下，选择和采用切合教学实际的管理方法的过程。

1.教学过程管理的原则

教学过程管理原则是根据教学管理的目的和任务，遵循教学管理的规律而制订的对教学管理的基本要求，是指导教学过程管理的一般原理。

（1）以教学为主的原则

以教学为主的原则是指教学管理者按照党的教育方针的要求，以教学计划、教学大纲和教科书为依据，集中主要精力，管理好教学工作，不断提高教学质量。

（2）依靠教师的原则

学校的职能是传授知识，培养人才。要实现这个职能，必须通过教学，而担负教学任务的唯有教师。可以说，没有教师就等于没有学校；没有高水平的教师，就没有高水平的教学质量。

（3）全面发展的原则

德、智、体全面发展，既是新时代人才必须具备的素质，也是教学管理的最终目标。好的课堂教学，应使学生思想上有提高、知识上有长进、能力上有发展。

2. 教学过程管理的作用

加强教学过程管理，是全面提高教学质量的重要手段。切实加强教学过程管理，必须实现三个转变。

①实现由生产型管理向经营型管理的转变。教学过程管理中的生产型管理是应试教育的表现，这种管理模式影响学生的身心健康和素质的全面提高。经营型管理是素质教育的要求，通过对教学过程进行全方位、全过程的经营型管理，达到全面提高教学质量的目的。

②实现由塾院式管理向开放式管理的转变。塾院式管理重视知识灌输，强调死记硬背，忽视能力培养，排斥自然科学和实际知识，教学内容严重脱离实际，不利于创新精神和实践能力的培养。开放式管理有利于落实"三个面向"的要求，有利于全面提高学生素质。

③实现以物为中心的管理向以教师为中心的管理的转变。传统教学管理是以物为中心的，这种管理强调物的作用而忽视人的作用。然而，人是生产力中最活跃的因素，也是管理活动中最具潜力的因素，人的能动性发挥与管理的绩效成正比，管理的核心应该是人。教学过程管理应以教师为中心，注意满足教师的需要，这有利于调动其工作积极性。

总之，教学过程管理是提高学校教学质量的重要部分，由于教学过程管理内容丰富，涉及的面广，对纷繁复杂的教学管理过程中的各环节进行系统化分类，形成一个比较完整的教学过程管理体系，控制好整个教学过程，保证教学管理快速、高质量运转，对提高学校教学质量具有一定的实际意义。

（二）教学行政管理

教学行政管理，即教务管理，是指高校、院、系和基层教学管理部门，为实现教育目标所进行的各种职能活动。教学行政管理对于维持稳定的教学秩序、保证教学工作的正常进行具有重要的意义。

1.教学行政管理的意义

搞好教学行政管理是保证整个学校教育教学活动顺利进行的基本条件。在宏观上，教务部门是学校计划的主要制订者之一，负责制订学校最主要的教学计划和有关教学工作的规章制度，以及有关教育事业发展、专业设置、教学改革等方面的措施。在微观上，负责组织检查、监督教学计划、教学大纲的执行和完成情况。另外，教务部门还承担着教师培训，教材、讲义的编写、审查、补充及印刷，制订开课计划等任务。

2.教学行政管理的内容

教学行政管理，就是教务管理，是教学计划实施过程中的常规教学管理。其根本任务是，根据教学计划将各年级、各专业的各种门类的课程，通过教师的投入，科学有效地组织成有序、高效率、高质量的教学过程。教学行政管理包括教学运行管理、教学例行管理和教学档案管理等。

①教学行政管理的常规内容。教学行政管理常规内容的中心环节是编排和执行课程表，首要环节是编制校历，关键环节是制订开课计划，将教学任务落实到教师及有关人员。

②教学行政管理的阶段性工作。教学行政管理的阶段性工作的主要内容可分为两个方面：其一是学生学习管理，含编制分专业的招生计划，修订印发学生手册，指导学生选课，组织复习迎考和考试准备工作，实施监考及学生补考等；其二是教学过程管理，含编印课程一览表，制订并组织落实学期的各项工作计划，全面检查教学情况和教学质量，组织观摩教学，评选并表彰优秀教师等。

③教学档案管理。教学档案管理是教务行政管理的一个重要方面，也是教学质量管理的一项基础性工作。其主要内容包括教学档案资料管理、教务统计管理、学籍管理。

教学档案资料管理的目的在于系统地分类储存有关教学质量、教改措施及其效果、教务与教学方面的文件资料，为教学管理决策和教育科学研究提供原始材料。教务统计管理的内容包括各系、专业、班级学生的学业成绩统计，招生来源及质量分析，学生在校人数统计，有关各种教学报表的分析整理等。学籍管理是对学生入学资格、在校学习情况及毕业资格的管理。其主要工作内容包括入学资格复查、注册、升留级、转学、转专业、跳级、休学、退学、复学、考勤、奖惩和学业成绩管理等。

第三节 高校教学管理信息化延伸发展

一、高校新媒体教学环境的建设与管理

随着现代高科技在教育领域的应用，多媒体教学环境——多媒体教室的建设在高校飞速发展。多媒体教室的建立不仅提高了教学效益和教学质量，同时为传统教学模式提供了新的平台。如何充分、合理、安全、科学地构建、管理多媒体教室，满足多媒体教学的需求，保障多媒体教学正常进行是当前教学管理部门亟待研究和解决的问题。

（一）多媒体教室构建的原则

①实用性。实用有效是主要的构建目标，只有操作简单、切换自如、效果良好，才能最大限度地发挥设备的效益。

②可靠性。将人机安全、设备的长期稳定运行等可靠性要点作为系统构建方案的首要设计原则，以保证系统在运行期间，为用户执行高质量服务管理提供有效的技术支持手段。

③兼容性。对不同厂家、不同型号的同类设备具备兼容性。

④先进性。设备的选型要适应技术发展的方向，特别是中央控制软件要充分体现整个系统的先进性。

⑤扩展性。多媒体教室能否和 Internet 相连，能否调用教室外的教学资源是多媒体教室可扩展性的首要标准。

⑥安全性。考虑到多媒体教室的多用性，操作台应根据设备规格定制并具备防盗、防火功能。

⑦便捷性。改变以往教师上、下课开关设备的烦琐问题，采用一键关机或远程控制关机（使用继电器根据设备操作流程分时控制设备的开关时间），方便教师操作。

⑧经济性。系统设计和设备选型应注重实用功能，降低总体投资，求得先进性与经济性的完美统一，做到设备性能、价格比的最好综合，从学校教学管理的实际需求出发，摒弃一切学校不需要的华而不实的东西。

（二）多媒体教室的构建

多媒体教室的构建应根据构建原则，科学、合理地选择设备。设计多媒体操作台，根据学科需要相对集中地构建多媒体教室。根据管理方式，可分为单机型和网络管理型多媒体教室。

1.单机型多媒体教室的构建

单机型适合多媒体教室相对分散的区域，或是对设备要求不高的部分学科的多媒体教学。

（1）电子书写屏

电子书写屏的使用省去了显示器，并替代了黑板的传统书写功能。目前主要产品有 WACOM、伯乐、鸿合等，其主要功能为同屏操作、同屏显示、自动排版、文书批改、手写识别、动态标注、后期处理等。电子书写屏的使用可有效避免多媒体教室设备因灰尘过多而出现故障，同时能给教师提供洁净的教学环境，有益于教师的身心健康。

（2）中央控制器

采用具有手动调节延时功能的中央控制器，设定时间控制投影机、功放、投影幕布、计算机等设备的开关，保证投影机散热充分，延长投影机灯泡和液晶板的使用寿命，并防止多个设备同时通电和断电时对设备的损坏。

（3）投影机

根据多媒体教室的大小配置不同亮度和对比度的品牌液晶投影机，一般情况下，亮度和对比度越高投影机的价格越高。因多媒体教室的后期耗材消费主要是投影灯泡，品牌投影机的选用将有效避免投影灯泡购置的困难；同时要注意选择高使用寿命和灯泡亮度稳定的 UHP 冷光源灯泡的投影机。

（4）扩音系统

扩音系统的配置需根据多媒体教室的大小、形状及教学声音环境的要求选择，应选用无线话筒，利于教师在教学时方便表现其形体语言。目前使用的扩音设备有 2 类：壁挂式和组合式，二者都具备线路输入功能，能满足相应音源的扩音需要。有的多媒体教室使用移频增音器，教师在短距离内脱离了话筒的束缚，但扩音效果不尽如人意。

（5）操作台

操作台应根据设备规格科学合理地设计定制，满足使用的方便性，并兼顾防盗性。操作台门锁采用电控锁，通过中央控制器实现一键开、关机，即一开即用、一关即走，极大地方便了教师的使用。

单机型多媒体教室在构建中应根据多媒体教学特点采取优化措施，不用录像机、DVD、展示台、卡座等不常用或多余的设备，使整个系统简洁明了，利于教学与管理。

2. 网络管理型多媒体教室的构建

网络管理型多媒体教室适合于多媒体教室相对集中的区域，应根据各学科需要构建功能不同的多媒体教室。该配置与单机型多媒体教室配置的不同在于采用网络中央控制系统，操作可采用网络远程控制和本地控制，增加了监控系统，其相关功能如下。

（1）中控系统

网络管理型多媒体教室采用的是网络中央控制系统，包含教室网络中控和总控软件。该系统集成度高，接口丰富、功能强大。内嵌网络接口，可通过校园网互联，实现远程集中控制。具备网络、软件、手动面板3种控制方式，具备延时功能，能防止通断电时对设备的损坏。

（2）操作台

操作台与单机型多媒体教室相同的是也根据设备规格合理地设计定制，满足使用的方便性，并兼顾防盗性。操作台门锁的开启可通过网络远程控制，也可本地操作，即与中控系统联动的控制锁同时也是操作台的门锁。多种设备联动实现系统的一键开、关机，即一开即用、一关即走，使用方便。

（3）监控点播系统

监控系统的使用利于管理人员远程掌握教学动态，该系统可实现即时点播和转播功能。

（4）对讲系统

对讲系统的使用有利于即时发现、解决问题。目前对讲的实现方式有多种，如双工对讲系统、半双工对讲系统、电话方式对讲系统、网络IP电话方式等。

（三）多媒体教室的管理

目前，高校教学基本建设不断发展，多媒体教室不断增加，只有不断完善多媒体教室的管理才能正确进行多媒体教学。

1. 管理制度建设

目前教师的教育技术水平参差不齐，结合实际，制定相应管理制度，规范多媒体教学日显重要。主要考虑以下几点。

①多媒体教室设备的使用应提前预约。

②教师按操作规程操作平台，不得私自搬动设备和接线，无关人员不得操作多媒体设备。

③不得在计算机内设 CMOS 密码和开机密码、修改和删除原有 CMOS 参数和应用软件。

④课间休息应关闭投影机电源，以便提高投影机使用效率。

⑤课后教师应按操作规程退出系统。

⑥课后教师应填写使用登记表。

2. 管理系统建设

管理系统分为多媒体教室教学管理系统和多媒体教室网络控制管理系统。教学管理应由目前普遍使用的人工安排多媒体教室逐步过渡为网上预约，通过开发适合本校实际的多媒体教学管理系统，提高多媒体教学的管理效率。

多媒体教室网络控制管理是指通过该系统可在主控室内控制多媒体教室内的相关设备，实现设定功能，并能实时与任课教师交流，保障教学正常进行。目前，国内生产多媒体教室网络控制管理系统的厂家较多，比较典型的有北京华讯科技公司开发生产的 WSE 系列、北京中庆现代技术有限公司开发生产的"育港"系列、浙江大学方圆科技产业有限公司开发生产的"鸣泉"系列等。应根据教学实际多方论证，选择适合本校的多媒体教学系统。多媒体教室网络控制管理系统的使用将使反映问题和解决问题变得更加快捷。管理上的方便、直接和高效，解决了多媒体教室数量增加后，管理复杂、人员紧张的难题。

3. 管理人员建设

在加强多媒体教室硬件建设的同时，应注重和加强管理技术队伍的建设。多媒体教室管理技术队伍是多媒体教室建设的骨干力量，对保障多媒体教学正常进行起着重要作用。因高校各学科教师对多媒体技术的掌握程度不一，管理人员的任务不仅仅是建设、管理好多媒体教室，同时应根据教师需要担负起多媒体技术培训的任务，更好地为教师服务、为教学服务。

在人员建设方面应逐步引进高学历、高层次人才充实到管理技术队伍中来，改善队伍结构。对现有技术人员制订培训计划，定期到国内名校进修，技术人员应特别重视新技术的学习与消化，提高业务水平和实践技能，以适应技术的发展和多媒体教学的需要。重视和发挥管理技术队伍的作用，用好人才，积极创造条件，调动人员的工作积极性。加强考核，建立人员考核制度，提高队伍的整体素质，造就一支业务水平高，奉献精神强，富有团结协作精神的管理技术队伍，使其为学校的教学科研工作做出积极贡献。只有不断优化结构，建设高水平管理技术队伍，才能充分发挥现代信息技术的作用。

4.管理方式建设

多媒体教室的使用人员广，其操作水平参差不齐。应根据不同配置，采用不同的管理方式。

（1）自助式管理

自助式管理是指教师掌握多媒体技术及设备操作规程后，对所使用的多媒体设备实行的自我管理。每学期开学初，对使用多媒体教室的相关教师根据设备的差异分开进行技术培训，内容为多媒体教室使用规章制度、操作规范以及多媒体基础知识等，培训结束后发放相应的资格证书；并在刚开始的一段时间内投入管理人力现场跟踪，记录相应教师的操作能力有针对性地对其进行再培训。对能独立操作的教师核发独立操作证书，对其使用的教室采用自助式管理，上课前到规定地点领取相关钥匙即可，设备的开关由教师自行操作。在自助式管理过程中，管理人员应加强对多媒体设备的课后维护，对每次检查结果及时登记备案，发现问题及时解决，保证下次能够正常使用。自助式管理适合于相对分散，无法或不适合安装管理系统的多媒体教室。该措施的实施能有效缓解管理人员紧张的局面，当然需要相关职能部门的配套支持。

（2）服务式管理

对于实行网络管理的装有监控系统的多媒体教室实行服务式管理。服务式管理是指教师无须对设备进行开关操作，管理人员通过网络管理系统在开课前5～10分钟将多媒体设备全部开启，教师直接使用设备即可。管理人员通过监控系统全程监控设备使用情况，并在上完课后，检查设备状况并关闭设备与操作台。服务式管理与自助式管理都应在管理过程中加强设备管理，增强巡查力度，做好记录，即时了解设备使用状况、投影机灯泡的使用时间，定时还原计算机系统等。这极大方便了教师的使用，提高了效率，同时体现了管理为教学服务的思想。多媒体教室的构建与管理是一项系统工程，科学、先进、管理规范是多媒体教学的基本保证，管理人员应在实践中不断摸索，及时沟通，以教学为本，最大限度地保障多媒体教学正常进行，促进技术与课程的整合。

二、高校课外学分认证统计信息系统的设计

（一）课外学分统计信息系统相关研究

1.课外学分简介

课外学分，一般称为课外活动，指在正常课堂教育教学之外，根据受教育者的需求以及教育、教学的需要，有目的、有计划、有组织地对教育者进行直

接或间接的指导，以实现教育目的的一种活动。课外学分是校园最为显性的一个层面。它以学生为主体，包括文体政经、志愿服务等内容，它是学校教育的重要组成部分，是课堂教学的有益补充，对于不同学科学生来说，通过选择课外活动，可以多学一些本学科以外的东西，不同学科相互渗透，相互交叉，可以使知识不断丰富，融会贯通，对于人才的培养有重要的作用。

课外学分，是我国高校大学生学习生活的重要方面，构成了大学生的业余生活的重要部分，有利于发展学生的特长，激发同学们学习的兴趣和积极性，有助于开发学生的潜力和创造性，培养学生分析问题和解决问题的能力，能促进学生的全面发展。课外学分系统，不仅丰富了大学生的业余生活，拓展了他们的视野，还提高了他们的综合能力和实践能力。同时，课外学分是大学生探索自我、发展人际关系的天地，是引导大学生参与社会，塑造健全人格的最自然、最直接、最有效的教育方式。

综合上述，课外学分系统为学生德、智、体、美全面发展提供了一个平台，通过课外学分，高校可以对学生进行思想品德教育，以调动学生学习的积极性，激发他们的求知欲和好奇心，提高他们在未来的学习、工作中继续探索的勇气。课外学分能引导大学生树立正确的人生观、道德观、价值观，摆正个体价值与社会价值、理想价值与现实价值、道德价值和功利价值等之间的关系，从而确实地肩负起建设中国特色社会主义的伟大使命。

2. 系统技术基础

（1）C/S 与 B/S 结构

① C/S 结构。C/S（Client/Server），即客户端 / 服务器模式。C/S 模式的工作原理：Client 程序的任务是将用户的要求提交给 Server 程序，再将 Server 程序返回的结果以特定的形式显示给用户；Server 程序的任务是接收客户程序提出的服务请求，进行相应的处理，再将结果返回给客户程序。C/S 模式的结构形式是一种两层结构的系统：客户端系统上的表示层与业务逻辑层为第一层；网络上的数据库服务器为第二层。因此，C/S 模式的软件系统主要由三个部分组成，即客户端应用程序、服务器管理程序和中间件。

课外学分统计信息系统客户端用 C/S 模式，因为 C/S 模式具有很多突出的优点，如下所示。

交互性强：在 C/S 模式中，客户端拥有功能丰富的应用程序，包括出错信息提示和在线帮助等方面的强大功能。

响应速度快：由于 C/S 模式的客户端与服务器直接相连，没有中间环节，因此，对相同的任务而言，C/S 模式的响应速度要比 B/S 快。

数据的储存管理功能较为透明。在数据库应用中，数据的储存管理功能，是由服务器程序和客户应用程序分别独立进行的，在服务器程序中集中实现，所有这些，对于工作在前台程序上的最终用户，是"透明"的，他们无须过问背后的过程，就可以完成自己的一切工作。

服务器端负荷轻：服务器程序一被启动，就随时等待响应客户程序发来的请求；客户应用运行在用户自己的电脑上，对应于数据库服务器，当需要对数据库中的数据进行任何操作时，客户程序就自动地寻找服务器程序，并向其发出请求，服务器程序根据预定的规则做出应答，送回结果，应用服务器运行数据的负荷较轻。

②B/S 结构。B/S（Browser/Server），即浏览器 / 服务器模式，是 WEB 兴起后的一种网络结构模式，WEB 浏览器是客户端最主要的应用软件。这种模式统一了客户端，将系统功能实现的核心部分集中到服务器上，简化了系统的开发、维护和使用。

B/S 模式的工作原理：客户端运行的浏览器软件以 HTML（超文本标记语言）的形式向 WEB 服务器提出访问数据库请求，WEB 服务器在接受客户端的请求之后，首先以 SQL（结构化查询语言）语法的形式交给数据库服务器，数据库服务器将处理完之后的结果返回给 WEB 服务器，WEB 服务器负责将结果转化为 HTML 文档形式发送给客户端浏览器，最终以 WEB 页面的形式在客户端浏览器上显示出来。B/S 模式的特点归纳总结如下。

一是维护和升级方式简单。B/S 架构的软件只需要管理服务器就行了，系统管理人员不需要在几百甚至上千部电脑之间跑，所有的操作只需要针对服务器进行，所有的客户端只是浏览器，根本不需要做任何的维护。如果是异地，只需要将服务器连接专网即可，实现远程维护、升级和共享。因此，软件升级和维护会越来越容易，而使用起来会越来越简单，这对人力、物力、时间、费用的节省是显而易见的，惊人的。

二是成本低，选择更多。凡使用 B/S 架构的应用管理软件，只需安装在 Linux 服务器上即可，而且安全性高。所以服务器操作系统的选择是很多的，不管选用哪种操作系统都可以让大部分人使用 Windows 作为桌面操作系统，而电脑不受影响，这就使免费的 Linux 操作系统快速发展起来，Linux 除了操作系统是免费的，连数据库也是免费的，这种选择非常盛行。

三是 B/S 模式具有很强的开放性，易于结构的扩展，能提高企业信息化系统的集成度。

由上述分析可得到：B/S 的优越性主要体现在对信息的发布和数据的共享方面，能减少管理人员维护和升级的工作量，所以 B/S 模式比较适用于系统与用户之间信息交互量比较少的应用场合，对于需要频繁地进行大量数据信息交互以及要求快速地进行数据处理的场合，采用 C/S 模式可以说是一种较好的选择。课外学分系统，既要考虑先进性，也要考虑成熟性，一种比较好的方案是将 C/S 与 B/S 模式交叉并用，这样可以充分利用两种模式的优点，回避各自的不足。在这种交叉并用的体系结构模式中，其实质是将 C/S 模式的数据库统计、分析、控制的强项功能与 WEB 技术的信息查询、信息发布强项功能进行有机结合，为课外学分系统的结构模式选择提供了最佳解决方案。

（2）.NET 框架和 ADO.NET

① .NET 框架。.NET Framework 是 Microsoft 为开发应用程序创建的一个富有革命性的新平台。.NET Framework 可以对 Windows 应用程序、Web 应用程序和其他各种类型的应用程序进行创建。

.NET 框架提供了 CLR（公共语言运行库）和 .NET Framework 类库两个主要的组件。其中，公共语言运行库是 .NET 框架的基础，它提供了内存管理、线程管理和进程处理等核心服务功能，并且还实施严格的类型安全控制及代码准确性控制等功能。.NET Framework 类库是一个面向对象的可重用类的组合，利用 .NET Framework 提供的类库可方便地进行多种应用程序的开发。

从层次结构来看，.NET 框架主要包括三个部分：公共语言运行库、服务框架和上层的两类应用模板，即应用程序模板和网络应用程序模板。

② ADO.NET。ADO（Active Data Objects）是 Microsoft 开发的面向对象的数据访问库。ADO.NET 是 ADO 的后续技术，提供对 SQL Server 等数据源的一致访问。数据使用者可以通过 ADO.NET 来连接这些数据源，并检索、操作和更新数据。ADO.NET 允许与不同类型的数据源以及数据库进行交互，不仅能够对一般的数据库进行访问，同时也能够对文本文件、Excel 表格等进行访问。

ADO.NET 系统由两个重要部分组成，即 .NET Dataprovider 和 ADO.NET 系统架构。ADO.NET 具有三个专用对象，即 DataAdapter、DataReader 和 DataSet，用于执行相应的特定任务。

.NET 框架提供统一的编程模式：不论什么语言和编程模式都是用一样的 API。

其中的数据提供程序 .NET Dataprovider，包含了四个主要对象：

Connection 对象：用于创建到达某个数据源的开放连接。通过此连接，用户可以对一个数据库进行访问和操作。

Command 对象：用于执行面向数据库的一次简单查询。此查询可执行诸如创建、添加、取回、删除或更新记录等动作。

DataReader 对象：用于从数据库中检索只读、只进的数据流。查询结果在查询执行时返回，并存储在客户端的网络缓冲区中。

DataAdapter 对象：可以隐藏和 Connection 对象、Command 对象沟通的细节。

（3）C# 简介

C# 是微软公司发布的一种面向对象的、运行于 .NET Framework 之上的高级程序设计语言。

C# 既体现了 Java 语言的简洁性和 VB 语言的简单性，同时也体现了 C 语言的强大功能和灵活性，所以说 C# 是一种集成了各语言优势的网络化时代的有效开发工具。

（4）SQL Server 2008 简介

SQL，即结构化查询语言，Microsoft SQL Server 是一种典型的关系型数据库管理系统。目前，常用的关系型数据库管理系统有 Access、SQL Server 等。

SQL Server 2008（简称 SQL 2008）是运行在网络环境下的数据库服务器。数据库是数据管理的实用技术，它的出现极大地促进了计算机应用向各行各业的渗透。SQL Server 2008 是单进程、多线程、高性能的关系型数据库管理系统。它可以用来对存储在计算机中的数据进行组织、管理和检索。SQL Server 2008 是一个性能更全面的数据库平台，SQL Server 2008 数据库引擎是企业数据管理的核心，它为关系型数据和结构化数据提供了比前面的版本更安全、更可靠的存储功能，这一点对于构建和管理高性能的数据库应用程序是十分重要的。

（5）RFID 技术

① RFID 技术简介。RFID（射频识别）是一种非接触式射频识别技术，它是自动识别技术的一种。RFID 的基本组成如下。

应答器：由天线、耦合元件及芯片组成，一般来说现在都是用标签作为应答器，每个标签具有唯一的电子编码，附着在物体上用以标示目标对象。

阅读器：由天线、耦合元件、芯片组成，是读写标签信息的设备，可设计为手持式 RFID 读写器或固定式读写器。

应用软件系统：是应用层软件，主要是用于进一步处理收集的数据，并为人们所使用。

②RFID 技术的工作原理。当持卡人进入识读器感应范围后，识读器向卡片发送检验电磁波请求读取卡片信息，RFID 芯片解调检验电磁波收到请求读取卡片信息的指令后，将卡片信息附加在 RFID 芯片反射的检验电磁波里，读写器收到反射回来的电磁波后通过解调识读卡片信息，并将其和 RFID 系统主体数据库的信息进行对比核实，若核实通过则读写器向卡片发送检验电磁波请求读写个人信息，若核实未通过，则 RFID 系统主机记录诚信记录并控制警报装置发出警报。

（二）系统需求分析

1. 系统设计目标

随着信息化校园、数字化校园的发展，信息系统向着规模化、智能化、网络化的方向发展，高校学生急剧增加，有关学生的各种信息量也在成倍增长。在这种情况下，单靠人工来对学生信息进行处理，工作量将很大，用计算机可以将人们从繁重的工作中解脱出来，仅使用一些简单的操作便可及时、准确地获取需要的信息。系统设计的目标就是系统实现学生、会议、教室的管理，签到的统计、汇总，报表打印等功能，使课外学分管理工作系统化、规范化、自动化，从而达到提高管理效率的目的。大学生课外学分认证统计信息系统采用 B/S 和 C/S 混合架构，采用自上向下的开发模式，开发过程主要包括前台应用程序的开发和后台数据库的建立及维护两个方面。系统所要实现的基本目标主要有以下几种。

①教室、会议、终端、项目、统计信息的管理（添加、删除、修改等）。

②教室、会议、终端、项目、签到记录等信息的检索、统计等。

③实现指定人员参加讲座。

④通过刷校园卡实现身份识别、签到，刷卡后显示签到者姓名、照片、学号等信息。

⑤数据通信安全，统计准确。

⑥安装简单、操作方便、系统运行效率高。

⑦具有较强的可维护性和扩充性，能够适应用户的业务需求变化。

出于上述考虑，本系统确定的设计采用自上而下扩展、快速原型法等开发方法。自上而下先从整体上协调和规划，由全面到局部、由长远到近期，从探索合理的信息流出发来设计信息系统。快速原型法，即先构造一个功能简单的原型，然后对原型逐步进行修改，直到形成最终的系统。此外，为了提高模块的高聚合性、易扩展性，降低模块间的耦合程度，数据库的设计原则是把它作为中间模块，从而既实现数据共享提高模块的独立性，又使系统具有更高的可修改性。

2. 系统需求分析

①数据精确度。数据要求必须精确、可靠、真实。进行操作请求时，应保证输入数据与数据库数据的高度匹配性。而在满足用户请求时，系统应保证所响应数据的查全率。

②响应特性。为满足用户的高效要求，数据的响应时间、更新处理时间、数据转换与传输时间、运行时间都应在 1～2 秒之内。如果需要与外设交互（如打印机）时，响应时间可能较长，但应在可接受范围之内。

③较高的可扩展性与维护性。系统采用模块化设计，"积木式"的开发，有利于后期系统的维护升级与扩展。

④支持数据库备份与灾难性恢复。数据库有一定的抗灾与容灾能力，具有较好的可靠性与容错能力，同时，采用备份服务器和硬盘镜像技术，数据恢复简单、方便。

⑤自动化、信息化、网络化程度高。系统能自动统计信息、打印报表，同时，支持在线传输数据，适合在校园内使用。

3. 系统可行性分析

（1）技术可行性

首先，对于大多数高校而言，经过几年的建设，校园网已经相当完善，目前已覆盖了全校，为网上数据交换提供了现成的信息高速通道，为信息管理的实现打下了坚实的网络基础。同时，校园卡的应用日益广泛，深入学校生活的各个角落，兼备银行卡、身份卡、消费卡等多种功能，一卡在手，走遍校园，成了学生在校的必备之物。

其次，系统设计与开发将基于主流的 Windows 开发平台，采用 MVC 开发模式、模块化的 DLL（动态链接库）封装技术以及 B/S 和 C/S 混合构架，后台数据库采用 SQL Server 2008，采用 Visual Studio 开发环境，稳定且灵活，完全面向对象，有着较高的扩展性和跨平台性。后台数据库采用 SQL Server 2008，它和 C 语言之间有着统一的底层接口，并且 SQL Server 2008 数据库的吞吐量很大，完全能胜任海量数据的存储与访问，性能稳定可靠，完全能满足系统的要求。

（2）经济可行性

课外学分系统的开发得到了学校与有关部门的资金支持，开发所需要的硬件和软件设施能很快得到配置，从而保证了开发工作可以顺利地进行。

另外，本系统的应用，可减少人力物力的投入，能提高工作效率，具有较为深远的意义。

（3）社会可行性

使用可行性：本系统界面友好，操作简单，易于掌握。

运行可行性：本系统支持并发网络访问，系统运行对服务器的要求不高，PC 机装上运行环境即可作为服务器使用。

法律可行性：本系统主要在学校部门内部使用，无商业运营现象，又是自主开发设计的，因此不会侵权。

综上所述，本系统在网络设施、资金设备、开发力量等方面具有较好的工作基础。经调研，该项目功能设计科学合理，符合实际需求，具有一定的前瞻性、可操作性，方案切实可行，内容翔实，组织管理和运行维护有足够的保障，已经具备进行正式设计与开发的条件。

（三）系统设计

1. 数据库设计

数据库是信息系统的核心，信息系统与数据库是分不开的，信息管理实质上就是对数据的管理，将数据库管理系统应用于信息管理，有助于信息管理的规范性、系统性、科学性，既可以使信息管理的效率得到极大提高，又可以使信息管理的作用得到更好的发挥。本系统数据库采用 SQL Server 2008，其优点如下。

①数据压缩和备份压缩。内嵌在数据库中的数据压缩和备份压缩可以更有效地存储数据，同时还提高了性能，加快了备份速度，节省了操作时间。

②星型连接查询优化器。SQL Server 2008 查询性能采用星型连接查询优化器，通过辨别数据仓库连接模式降低了查询响应时间。

2. 系统设计与开发

（1）系统设计原则

为确保系统能够成功建成，在设计技术方案时我们应遵循如下的原则。

①实用性和可靠性原则。信息系统的实用性是开发信息系统应遵循的首要原则，以够用为度，并注重理论与实际相结合。

可靠性是指系统在特定的时间内、特定的环境中和条件下，无失效执行其预定功能的概率。可靠性包括硬件可靠性和软件可靠性。硬件是一种物质产品，失效的主要原因是硬件出现故障，可靠性主要体现在硬件设备性能的稳定；而软件是一种逻辑产品，失效的根本原因是设计出现错误，软件可靠性主要体现在应用软件操作系统的稳定性和软件功能可靠、无故障及具有可操作性等。

②易扩展性和易维护性原则。易扩展性原则，要在系统建设中充分考虑未来的发展，不仅要留足充分的冗余，还要在以后能够进行"积木式"的扩展。易维护性原则，系统在运行中的维护应尽量做到简单易行，维护过程中无须使用过多的专用工具。

③先进性和安全性原则。设计上重点突出"技术为业务服务"的主题，要综合考虑业务和技术，在吸纳先进设计理念和丰富经验的基础上，形成具有实际特点的设计方案。系统硬件的安全表现在采用备份服务器和硬盘镜像技术等，而系统软件的安全表现在登录系统时，通过身份验证来辨别用户，并对各级用户分配不同的权限。同时，及时修复系统漏洞，安装杀毒软件。

④易管理和复用性原则。该系统在开发过程中，采用面向对象的方法和模块化的思想，将整个系统分解为模块加以实现，这就使得系统易于管理、易于修改，其各功能模块可重复使用等。

（2）系统开发方法

系统开发常用的方法有生命周期法和快速原型法，在本系统中，我们采用快速原型法。快速原型法是针对生命周期法的不足提出的一种新的系统开发方法，它首先构造一个能反映用户要求、功能简单的原型，然后对原型逐步进行修改完善，精益求精，最终建成完全符合用户要求的新系统。原型就是模型，而原型系统就是应用系统的模型。

快速原型法的应用，克服了生存周期法的不足之处，具有开发周期短，维护费用低，适用性和可靠性强，调试容易等优点。基于快速原型法利用较短的时间首先开发一个平台原型，然后根据待实现的系统功能对原型进行讨论分析和修改，进而开发出一个新系统，然后提供给用户试用一段时间，根据用户反馈意见对系统加以维护和完善，确定系统的框架，最终在这个框架的基础上逐步细化并详细编制各个功能模块。

第四章 现代高校学生管理探析

伴随着我国教育体制改革的稳步推进以及现代教育思想的深入发展，我国高校学生管理工作逐渐获得了较大发展机遇，而在新的经济背景下，原有高校学生管理模式却逐渐呈现出一定弊端，在此背景下，如何就现阶段高校学生管理模式进行创新，已然成为当前高校学生管理工作面临的主要问题。本章分为高校学生管理相关理论、高校学生管理的制度变革、高校学生管理工作改进的对策分析三部分，主要内容包括高校学生管理相关理论、高校学生管理概念、我国高校学生管理制度变迁的基本线索、我国高校学生管理制度变迁的主要轨迹等方面。

第一节 高校学生管理相关理论

一、高校学生管理主要理论

（一）人本管理理论

人本管理，是以人为本的管理的简称。人本管理往往把人作为考虑一切问题的根本，因此也可以称为以人为根本的管理。早在二十世纪三十年代，西方很多企业已经把员工作为企业最重要的资源，他们根据员工的兴趣、特长、能力、心理状况等情况来科学合理地为其安排最合适的工作，他们参考了早期马斯洛的需求理论，在工作中兼顾员工的成长和价值，通过使用科学的管理方法，在工作中充分地调动和发挥企业员工工作的积极性、主动性和创造性，以求让员工能够在实现企业目标的过程中发挥最大的作用。著名管理学家陈怡安教授把人本管理提炼为三句话："点亮人性的光辉、回归生命的价值、共创繁荣和幸福"。

而人本管理对于高校学生管理而言，主要是要求高校学生管理要区别于传统的以物为中心的物本管理，要求高校开展学生管理工作既要依靠原则规定、制度约束等硬性手段来开展，更要通过培养、调动和锻炼学生的情感、意志、思想等方法来加以完善，这就从人本的角度对目前高校学生管理工作提出了新的要求。同样，在高校开展学生管理信息化的过程中，更要注重以人为本的管理理念，学校各级管理者首先应该树立"以人为本"和"管理育人"的理念，积极创造民主、自由、平等、有效的育人环境，实施正确的管理政策、措施。在开展学生管理信息化的过程中要把学生当作学校管理之本，强调以学生为中心，特别要重视学生作为青年人的特征，充分尊重他们的爱好和兴趣，最大限度地满足他们的种种合理需要，维护学生的权益和利益，充分调动学生的积极性，切实服务于学生。

（二）目标管理理论

目标管理（简称MBO），1954年美国管理学专家彼得·德鲁克在其名著《管理实践》中首次提出了目标管理的概念。当时，科学和经济的蓬勃发展促使企业组织越来越大，企业分工越来越细，专业性越来越强，而整体的一致性和协调配合相较于分工专业性等问题则更容易被忽视。这种情况下，如果管理者不能及时地应对外部环境的变化，继续使用以往忽视人性的管理模式，仍然采用家长式的"压迫式"管理，就会造成管理者与被管理者对立的局面。因此，管理学专家彼得·德鲁克结合管理的实质，提出了"目标管理"理论，该理论在重视理性管理的同时也兼顾了人性的管理。其以使人的需求与个人的期望和目标挂钩，从而唤起人的积极性和创造性为基本内涵。新的管理方法在总目标确定的基础上，同时再确定一定时间的分目标，并为努力实现这一分目标而进行进一步的组织管理和控制。用"目标"代替手段，实现对下属的管理是其精髓的主要所在。

21世纪以来，随着高等教育改革的不断深化，高校学生管理工作也面临许多新情况，招生和就业制度的改革、教育教学内容及方式的改革，以及网络设备及新媒体的突飞猛进都给高校学生管理应用信息化手段带来了较大的不确定性。因此，高校在开展学生管理信息化的过程中可以参照企业目标管理的理念，首先重视人的因素，让学生和一线学生管理人员参与信息化项目目标的制订，同时也要注意建立目标体系，当学校组织者确立总体目标之后，必须对其进行有效分解，把学生管理信息化的目标转变成各个部门的目标，以实现学生管理信息化的高效开展。

（三）过程型激励理论

在很长一段时间里，管理学的核心问题一直是激励问题。基于对人类行为的不同假设，从而提出不同的激励机制也一直是行为管理学派、科学管理学派以及其他一些管理学派之间的一个最基本分歧。"激励"一词在管理学与经济学中的含义也各不相同。相对于以强调人的内在动机为基础的管理学中的激励，经济学中的激励重点强调利用外部手段，如通过激励、惩罚来诱使人采取某些行动。长期以来，经济学与管理学的激励理论研究并没有充分地结合起来，而一直是泾渭分明的。管理学中的"行为科学"在20世纪30年代以后得到了迅速发展。在现代非常有影响力的一些激励理论大多是建立在"行为科学"这一理论基础上的。现代激励理论的发展则经历了侧重激励内容的研究到侧重对激励过程的探索这一过程。同样过程型激励理论是指着重研究人从动机产生到采取行动的心理过程。根据激励理论的要求，激励具有促进社会交往，激起创造的欲望，健全人格等心理效应。期望理论是过程激励理论的一种，美国心理学家弗鲁姆的期望理论认为，一种行为倾向的强度取决于个体对于这种行为可能带来的结果的期望强度。期望理论的基本模式是，激励＝效价 × 期望值。该模式表明，能够以最大化效价满足个人需要的是行为目标，如果实现目标的可能性过小，那么激励效果也就不会十分有效；相反，虽然某种目标实现的可能性很大，但如果对于其个人没有很大的价值，那么人的积极性也不会被明显地激发出来，如果要取得有效的激励，那么应当使效价和期望值都足够大。

学生管理信息化建设的目标很大程度上是满足学生及一线学生管理人员的需求，以求实现利用信息化手段带来的高效和便利。而对于不同学生管理职能部门，在开展信息化建设时也应该注重对他们的激励，毕竟每个部门信息化建设的目标不同，只有对他们进行积极的激励才能激发起他们更多的参与意识，也才能保证最后信息化建设能最大限度地符合各个部门及人员的需求。

二、高校学生管理概念

高校学生管理工作是高校管理的重要组成部分，也是维护高校正常的教学秩序，保障学生健康成长的基础。"高校学生管理"最早是一个用于教学管理的专业术语，主要内容是学籍管理，包括入学与注册；奖励与处分；升、留、降级，休、复、退学；毕业文凭发放和工作分配等。其所谓的学生管理基本上等同于管理学生，但是随着中国社会主义市场经济体制的健全和高等教育改革的不断深入，高校学生管理工作的范围进一步扩大，那些以前人们不以为然或者漠不关心的学生事务变得更加引人注意，如职业生涯规划和就业指导、心理指导等，使"学生管理"的内涵变得更加丰富。如今高校学生管理除了"管理学生"同样还囊括了"管理学生工作事务"，除了强调规范、约束和监督管理学生之外，还开始强调指导和服务学生，更加重视学生个体的发展。

第二节　高校学生管理的制度变革

一、我国高校学生管理制度变迁的基本线索

学界对我国高校学生管理制度变迁历史的认识可以归纳为三阶段论和四阶段论。前者认为我国高校学生管理的历史可以分为三个阶段。从新中国成立初到"文化大革命"前：政治挂帅、改造思想。"文化大革命"期间：政治运动、陷于瘫痪。改革开放以后：德育为先、管治为主。这种划分方式以高等教育学生管理目标和内容为依据。四段论认为我国高校学生管理的历史应分为四个阶段：新中国成立初期到"文化大革命"之前的计划经济时期；"文化大革命"时期；宏观经济转轨时期；建立社会主义市场经济体制时期。该观点将社会发展的重要转折或改革作为切点，探究社会和经济的发展变革给高校学生管理带来的变化。可以看出，后者认为改革开放后我国高校学生管理制度仍然需要适应社会经济发展环境的变化，面临不断调整和变革的问题。

事实上，我们对高校学生管理制度变迁基本线索的认识，应基于高等教育发展的宏观历史背景和社会经济发展条件。在不同的历史时期，我们对高等教育的功能认识不同、支撑高等教育发展的物质基础不一样、高等教育发展的政治文化背景有差别，这些都会影响高等教育学生管理制度的变迁。在这个变迁的过程中，作为高校学生管理制度的主要对象——大学生，直接而敏感地感受到了制度变迁给自身身份带来的影响。例如，20世纪末高等院校开始收取学费后，许多研究者还针对高等教育领域的学生提出了"消费者"这一角色，"消费者"形象的出现，也就对学校学生管理的服务性质和育人性质提出了新的要求。据此，探究高校学生管理制度变迁的基本线索，应考虑我国不同时期的社会政治经济发展条件、高等教育办学规律等因素，以高校学生角色变迁为切入点，探究高校学生管理制度变迁的基本规律问题。以高校学生角色变迁为切入点剖析高校学生管理制度，主要考虑三个问题：一是高校人才培养的目标定位是什么，这反映的是对高等教育育人功能的基本认识；二是高校与学生的法律

关系是什么，这反映的是高校学生管理制度的合法性来源；三是高校学生受教育权保障的核心是什么，这反映的是高校学生自身的权利定位和诉求。按此思路，我们认为高校学生管理制度变迁可划分为三个阶段，改革开放前的高校学生管理制度，改革开放后至20世纪末（以《高等教育法》颁布为重要节点）的高校学生管理制度，21世纪以来的高校学生管理制度（高校学生管理法治化进程加快，高校学生管理制度进入转型期）。

二、我国高校学生管理制度变迁的主要轨迹

（一）改革开放前的高校学生管理制度

改革开放前，高校学生管理制度属于构建的"探索期"。新中国成立后的前三十年，我国高校学生管理制度经历了两个不同的阶段：一是新中国成立后至"文化大革命"前；二是"文化大革命"时期。在这两个阶段，我们对高等教育的功能、性质的认识有很大的差别，学生管理制度上也呈现出不同的特征。但总体上，这一时期的高等教育办学体制与计划经济相适应，这种教育与国家建设高度一体化的教育体制将高等教育人才培养统合于计划经济体制之中，高等教育学生管理工作受政治因素影响较大，高校人才培养呈现出典型的组织人特性。一方面，学生学习的物质条件得到了国家无偿的保障；另一方面，学生也失去了学业选择和就业选择的自由。可以说，改革开放前教育的上层建筑观一直影响着高校学生管理工作的开展。因此，这一时期的高等学校学生管理工作整体处于摸索实践的阶段，高校学生管理工作并没有形成体系化的制度。

1949—1965年是新中国百业待兴的时期，高等教育开始进行全面的改革，为创建社会主义高等教育体系奠定了基础。这一时期，我国高等教育主要经历了三次较大的调整：第一，1949—1957年，我国高等教育办学和管理体制的创建时期；第二，1958—1960年，"大跃进"时期的三年"教育革命"；第三，1961—1965年，我国国民经济调整时期。

第一次调整一般指从1952年开始的院系调整，即为了适应有计划、大规模的社会主义建设，对新中国成立前留下来的205所高校进行的调整。第一次调整是基于新民主主义向社会主义过渡的背景进行的。新中国成立之初，我国各项事业百废待兴，政治、经济等处于一个混乱的阶段，为了使国家尽快走上正轨，各项事业的调整在国家的规划与统筹之下顺利进行。与此同时，我国的高等教育事业也开始了大幅度的调整，高校学生管理制度也随之不断变革。1949年12月23日至31日，教育部召开了新中国第一次全国教育工作会议，

主要讨论了如何对旧教育进行改造的问题。1950年教育部又召开了第一次全国高等教育会议，这次会议的主要贡献：确立了新中国高等教育的方针；规定了新中国高等教育的方法；确立了对待私立高等学校的政策；通过了一系列有关高等教育的规程和办法。

在这个创建时期，教育部制定了一系列有关高校学生管理方面的制度，这些制度主要围绕学生的学籍而展开，在育人目标上体现出典型的社会本位论，高等教育的办学完全依照国家发展的实际需要进行。其主要特征是，仿照苏联高校模式，按照行业归口建立许多单科性学院，综合性大学由新中国成立前的55所减为15所，单科性院校占高校的92%，而且以工科院校为主；高等学校全部收归国家举办，统一由中央各部委和高教部管理；高校主要集中于各大行政区领导机关所在地。

第二次调整，在国家扩大地方管理权和进行经济管理体制变革的过程中，高等教育事业的管理权也下放到地方，权力下放对发挥地方办学的主动性起了很大的作用。但是由于地方缺乏管理高校的经验，又没有教育法律法规进行指导和约束，高校数量猛增，师资严重匮乏，高等教育质量严重下降。

第三次调整，即我国国民经济调整时期。在总结前两个时期高等教育办学和管理体制改革经验教训的基础上，中共中央、国务院于1963年5月21日颁发了《关于加强高等学校统一领导、分级管理的决定（试行草案）》。该决定明确规定："对高等学校实行统一领导，中央和省、直辖市、自治区两级管理的制度。"同时，对两级如何分工管理做了具体规定。这次调整推动了中央和地方两级管理制度的形成，并兼顾了地方经济发展的需要，进一步调动了中央和地方办学的积极性，但是，政府在教育方面的越位，导致学校的办学自主权受到了限制。

在这一时期，尽管高校学生管理制度并未形成体系，但相关部门已经明确规定了高校学生管理涉及的学籍、学制、考试、毕业、入学等主要问题，主要涉及以下几个方面。

第一，学籍与学制。教育部针对学籍管理先后专门出台了《教育部关于高等学校学生学籍问题的几点指示》（1950年）、《高等教育部关于华东区高等学校处理学生学籍问题的若干规定》（1953年）。有关学制问题，1951年通过《政务院关于改革学制的决定》对大学、专门学校、专科学校、专修科、研究部等的修业年限做出了规定；1959年，《中共中央、国务院关于试验改革学制的规定》规定从"1960开始，在全国部分地区和学校，进行高中文理分科的初步试验"。同时，又专门针对改变工业学校的学制出台了《高等教育部关于高等工业学校改变学制应注意事项的通知》（1955 年）和《教育部关于处理高等工业学校年制问题的通知》（1959 年）。

第二，考试与考查方面，国家在 1954 年制定了《高等学校课程考试与考查规程》，这一规程是第一部较系统地规定如何在高校对学生进行考查的文件，随后又对这一文件做出补充与完善，如《高等教育部复函关于高等学校课程的考试和考查问题》（1956 年）。但是在这一问题上国家也走过弯路，如《高等教育部关于在高等学校实行国家考试的通知》（1956 年）的实施，力图在全国以一种统一划一的方式考查毕业生是否达到了毕业生的标准。但是这一政策随 1957 年出台的《高等教育部关于暂停在高等学校试行国家考试的通知》而终止，显然在高等学校试行国家考试这一政策脱离了高校的实际情况。针对教育部直属高校的考试方案，教育部 1962 年发布了《教育部直属高等学校学生成绩考核暂行规程（草案）》。

第三，入学、转学与转专业问题，如 1950 年制定的《高等学校暂行规程》对高校学生的入学问题做了详细的规定，如规定了入学者的年龄及哪些人可以进入高校学习。这一时期，对转学、转专业的问题从 1951 年的放宽政策到 1952 年的严厉控制再到后来的系统规范，为高校处理学生转学、转专业提供了一个行动指南。

第四，休学、复学与退学方面，《高等教育部关于处理新生要求休学问题给中山大学的复函》（1954 年）与《高等教育部关于处理学生复学、转学问题给东北师大的复函》（1956 年）对什么条件下可以申请休学、复学以及怎么样去休学、复学等做出了规定；《高等教育部关于妥善处理学生申请退学问题的通知》（1956 年）中明确了国家对退学的态度，同时对于什么情况下可以申请退学做出了规定。1958 年，高等教育部制定了《关于处理高等学校学生转专业、转学、休学、复学、退学等问题的规定（草案）》，这一草案试行两年后高等教育部又加以正式颁布。当时还出台了关于抽调学生转专业和复学的通知，如《教育部关于抽调学生转学理科专业的通知》（1960 年）和《教育部关于提前抽调高等学校学生复学问题的补充通知》（1963 年）。

从高校学生管理体系发展变革的角度出发，探究学生管理的发展轨迹，我们可以发现，1949 年到 1965 年的 17 年间，我国高等教育经历了完成社会主义改造和全面创建社会主义高等教育体系的过程。在学生工作的内容和要求方面突出马列主义教育，强调政治挂帅和思想改造；1949 年至 1956 年，我国通过接管、恢复和调整基本完成了对高等学校的改造，使之成为社会主义大学。在高校学生的课程设置方面，开设马列主义课程，并组织大学生参加土地改革、抗美援朝等政治活动，提高大学生的思想觉悟和道德品质，促进社会稳定发展；1958—1965年颁布了一系列的法律法规和政策指导，以完善高校学生管理工作。1958年毛泽东同志提出了"教育必须为无产阶级政治服务，必须同生产劳动相结合"的教育工作方针。1952年10月教育部指示，"在高等学校有重点地试行政治工作制度，建立政治辅导处"。1957年后，针对国内的政治形势，许多高校在校内设立了政治辅导处。1961年，出台了"高教六十条"，规定"为加强思想政治工作，要在大学一、二年级设政治辅导员或班主任"。1964年6月，中共中央提出在高教部和直属高校中设立政治部，大力充实政工干部队伍。随着这一系列的法规和政策的颁布实施，我国各高校逐步形成了较为完备的学生政治思想教育的工作体系。

（二）改革开放后至20世纪末的高校学生管理制度

改革开放时期是我国教育系统大发展的时期，也是高校学生管理大变革的时期。这个时期是高等教育的复兴时期，教育部门逐渐纠正了"文化大革命"时期的一系列错误做法，高校学生管理以德育为主，强调以人为本，从学生的生活实际出发，全面深化改革，为我国高校学生管理工作开创了新的局面，初步形成了中国特色社会主义性质的高校学生管理制度。有学者提出，这一时期以十一届三中全会为重要转折点，高校学生管理工作的指导思想从"学生政治思想工作"转变为"学生思想政治工作"，微小的变化体现出高校学生管理工作的重点逐渐趋向学生的思想品德修养。在组织机构和职能设置上，破除过去学生事务管理散乱的状态，全国高校普遍设置学生工作处，统一管理全校的学生事务。这一时期，高等教育相关法律逐渐健全，高校办学自主权问题受到关注，学生入学、就业、学位授予等方面的制度更加完善，但由于这一时期对高等教育产品性质的认识多界定在公共产品角度，加之对高等教育办学中的市场因素考虑不足和对高等学校第三部门性质的认识不足，这一时期高校学生管理制度对高等教育学生管理工作中学校和学生的法律关系并未做明确的界定，学生权利义务边界不清，权利救济渠道不畅，其"被管理"的身份角色并未得到改变。

这一时期可以分为三个阶段。改革开放后至1985年为第一阶段，高等教育发展的主要目标是加速高教发展，进行高教结构改革。1983年4月28日颁布了《关于加速发展高等教育的报告》，在强调扩大规模的同时，国家还相继颁发了一些有关改善高等教育结构及广开学路的重要文件，以打破单一的办学模式，促进高等教育全面发展；1985年后至20世纪90年代初为第二阶段，主要目标是稳定办学规模和层次，以教育体制改革为核心，全面深化高教管理体制改革。通过颁布一系列的方针政策促进高等教育的发展，如《中共中央关于教育体制改革的决定》《高等教育管理职责暂行规定》《关于部分高等学校充实、整顿工作的意见》。这个时期的主要特点是加强宏观调控和管理、继续深化体制改革。20 世纪 90 年代可以列为第三阶段：1992 年 10 月，党的十四大提出建立社会主义市场经济体制，加快改革开放和现代化建设的步伐。同年，国家教委召开了第四次高等教育会议，提出了高等教育改革的基本设想。1993 年，中共中央、国务院发布了《中国教育改革和发展纲要》。从此，中国高等教育的发展脱离了"条、块"自成体系的高教管理体制，遵循适应社会主义市场经济体制的要求，高校学生管理开始了新的一轮改革。其中，管理体制的改革主要体现在下列五个方面。一是办学体制改革。采取"调整、共建、合作、合并"等办法达到资源互补，提高效益的目的。二是管理体制改革，实行三级办学，二级管理的体制，给高等学校办学的自主权。三是投资体制改革，由国家拨款改为以国家拨款为主、多方筹资的体制，鼓励个人捐资，社会团体办学。四是招生、就业、缴费体制改革，由国家统一分配招生名额、毕业生统一分配改为学校拥有自主招生权、学生自主择业；由学生免费入学改为学生收费上学。五是校内管理体制改革，在人才培养上，在明确"教育体制改革要有利于坚持教育的社会主义方向，培养德智体全面发展的建设者和接班人"的同时，又明确高等学校培养的专门人才要适应经济、科技和社会发展的需要，培养适应市场经济要求的人才。

（三）21 世纪以来的高校学生管理制度

进入 21 世纪以来，高等学校的办学环境发生了较大变化，这主要体现在：由于社会经济不断发展，高等学校办学的必要物质条件得到充分保障，学生生活条件得到改善；由于相关法律的健全和完善，政府与高校的法律关系逐步厘清，学校拥有一定的自主管理学生权限；由于市场因素在高等教育中的积极作用被认可，高校学费收取、后勤化改革和就业双向选择等政策影响学生对自身角色的定位；高校学生管理制度呈现出明显的法治化趋向，学生权利意识增强，高校学生管理法律纠纷逐渐增多，学生依法维权反向推动了学校学生管理工作的法治化、民主化进程。在这一时期，高校学生管理制度重视制度构建的合法性，赋予学生主体平等地位，明晰其权利义务关系。相关制度主要涉及以下几个方面。

一是学生行为准则与权利、义务。2005 年教育部发布的《高等学校学生行为准则》规定了学生行为的标准，即"志存高远，坚定信念；热爱祖国，服务人民；勤奋学习，自强不息；遵纪守法，弘扬正气；诚实守信，严于律己；明礼修身，团结友爱；勤俭节约，艰苦奋斗；强健体魄，热爱生活"。学生的权利与义务在教育部 2005 年重新制定的《普通高等学校学生管理规定》中得以专门提出，就学生拥有的六项权利与应当履行的六项义务做出了规定，《高等学校行为准则》中也专门提到了学生的权利与义务这一内容。

二是学生安全与住宿管理。2002 年 6 月教育部发布了《学生伤害事故处理办法》，就学生伤害事故与责任、事故处理程序、事故损害的赔偿、事故责任者的处理等内容做了规定，对"积极预防、妥善处理在校学生伤害事故，保护学生、学校的合法权益"具有重要的保障作用。针对住宿管理中存在的一些安全问题，2004 年，教育部颁布了《关于切实加强高校学生住宿管理的通知》，就学生宿舍的领导、党建与政治思想工作、管理规章制度、宿舍安保、校外住宿等五个方面的内容做了规定，教育部办公厅又接着出台了《关于进一步加强高校学生住宿管理的通知》（2005 年）、《关于进一步做好高校学生住宿管理的通知》与《关于开展高校学生住宿管理情况自查工作的通知》（2008 年）。

三是电子注册制度。从 2000 年起，教育部决定在高等教育领域实行学历证书电子注册制度，并在 2001 年 2 月颁布了《高等教育学历证书电子注册管理暂行规定》，指出"证书注册运用现代信息技术，实行计算机网络管理"，并对不同类型的毕业证书、结业证书的内容做了具体要求。至此，我国高校开始实行高等教育学历证书电子注册制度，国家对这一制度不断加以完善，如《教育部高校学生司关于做好 2004 年高校学生教育学历证书电子注册工作的通知》（2004 年）、《教育部高校学生司关于普通高等教育学历证书即时电子注册的通知》（2010 年）。

四是资助政策、奖励政策与助学贷款政策。2002 年 9 月，教育部、财政部对《国家奖学金管理办法》进行了印发，这是国家在高等教育领域设立的第一个奖学金——国家奖学金，规定"国家奖学金分为二个等级，全国每年定额发放给 45000 名学生，其中 10000 名特别优秀的学生享受一等奖学金，标准为每人每年 6000 元；35000 名学生享受二等奖学金，标准为每人每年 4000 元。凡国家奖学金获得者，其所在学校均减免当年全部学费"。2005 年 7 月，财政部、教育部发布了《国家助学奖学金管理办法》，这一文件被 2007 年 6 月的《普通本科高校、高等职业学校国家奖学金管理暂行办法》废止；同年，又出台了《国务院关于建立健全普通本科高校、高等职业学校和中等职业学校家庭经济困难学生资助政策体系的意见》，对国家奖学金制度、国家助学金制度、国家助学贷款政策做出了进一步的完善。其中，国家奖学金每年奖励的人数提高为50000名，奖励标准也提高为每生每年8000元；另外，由中央和地方共同设立了国奖励志奖学金，还规定"从2007年起，对教育部直属师范大学新招收的师范生，实行免费教育"。2007年6月，财政部、教育部又联合发布了《普通本科高校、高等职业学校国家助学金管理暂行办法》，对国家助学金的资助标准与申请条件、名额分配与预算下达、申请与评审、发放、管理与监督等做出了具体的规定。2007年还发布了《关于在部分地区开展生源地信用助学贷款试点工作的通知》，重庆、江苏等5个省市成为首批试点；2008年9月财政部、教育部、银保监会又联合发布《关于大力开展生源地信用助学贷款的通知》，生源地信用助学贷款这一举措在全国范围内提高了覆盖面。此外，国家又相继出台了《教育部办公厅关于普通高校协助做好生源地信用助学贷款有关工作的通知》（2010年）和《关于加强国家开发银行生源地信用助学贷款管理工作的通知》，生源地信用助学贷款管理工作得以不断完善。当前阶段，随着我国研究生人数不断增加，为了帮助研究生顺利完成学业，2010年出台了《教育部办公厅关于切实做好普通高校全日制硕士专业学位研究生资助工作的通知》，财政部、教育部又在2012年印发了《研究生国家奖学金管理暂行办法》，其中，"研究生国家奖学金每年奖励4.5万名在读研究生。其中，博士研究生1万名，奖励标准为每生每年3万元；硕士研究生3.5万名，奖励标准为每生每年2万元"。

五是高校招生和就业政策。一方面，这一时期高校在招生方面的变化就是自主招生政策产生。2001年，江苏省内的6所高校率先进行了自主招生模式的试点，2003年教育部开始推行这一模式，下发了《教育部关于做好2003年普通高等学校招生工作的通知》，在全国22所部属高校开始自主招生的试点。接下来又相继出台了一系列的措施。2014年，《教育部关于进一步完善和规范高校自主招生试点工作的意见》指出，"2015年起，所有试点高校自主招生考核统一安排在高考结束后、高考成绩公布前进行"。我国绝大部分学者认为自主招生的模式可以分为三种，即完全自主型、半自主型和统招前提下的自主型。

另一方面，这一时期高校毕业生就业制度逐渐完善。2000年我国确立了"双向选择、自主择业"的高校毕业生就业制度，2002年国务院办公厅转发《关于进一步深化普通高等学校毕业生就业制度改革有关问题的意见》，指出："建立市场导向、政府调控、学校推荐、学生与用人单位双向选择的就业机制，引导高校毕业生到基层、到中小学就业是解决高校毕业生就业问题的主要途径。"为了指导高校毕业生面向基层就业，先后出台了《关于引导和鼓励高校毕业生面向基层就业的意见》（2005 年）、《高校毕业生基层培养计划实施方案》（2011 年）。2006 年中共中央组织部、人事部等部门又出台《关于组织开展高校毕业生到农村基层从事支教、支农、支医和扶贫工作的通知》，决定实施"三支一扶"计划，从 2006 年起，每年招募 2 万名高校毕业生，主要安排到农村基层从事两至三年的支教、支农、支医和扶贫工作。

第三节　高校学生管理工作改进的对策

一、树立科学的管理理念

（一）明确管理目标

在教育界，当前最时髦的话语就是"素质教育"，所谓的"素质教育"和"应试教育"其实质不是过程而是结果。我们到底要培养什么样的学生？从理论上说是要培养社会主义四化建设的优秀人才，至少也得是合格人才。这话说得过于笼统。优秀人才的标准是什么？当然不仅仅是考试第一名，而是对社会发展有用的人，能对社会做出贡献的人。我们的教育暴露出了一些问题，一方面，中国的现代化建设急需大量人才，而现状又是人才奇缺；另一方面，每年的大学毕业生有近 30% 的人找不到工作，还有大部分大学生虽然找到工作了，但也是学非所用。一些家长，特别是贫困学生的家长不愿意让孩子上大学，是因为按经济学的理论来说，投入和产出是不成正比的，他们每年要付出数万元之高的学杂费，而就业最低工资已经出现了月薪 800 元的现象，这就鲜明地指出了我们的培养目标有问题，而我们正是依据培养目标来实施管理的。笔者认为，从以下三个方面去考核管理目标是比较合理的。

1.心态方面

心态其实是决定一切的。大学生要有很强烈的社会责任感。毋庸置疑，今天的大学生就是祖国明天的栋梁，他们在社会主义现代化的进程中起到了举足轻重的作用。但是，今天的大学生是"独生子女"的一代、当年被誉为"小皇帝"的一代、被网络信息包围的一代，这一代人是幸运的，他们没有经历父辈的艰辛，但他们要比父辈理性得多。我们也要清醒地看到，没有付出艰辛也就很难有抱负，这是中外教育家的共识。要想改变现状，仅仅凭教育是不能奏效的，要有意识地给他们压担子，让他们多参加社会实践，帮助他们尽快地接受这个社会，热爱这个社会，报效这个社会，要让他们意识到"国家兴亡，匹夫有责"，对今天大学生的要求，不是要让他们绝对服从，而是要让他们理性地思考。我国是一个有着五千年文明史的伟大国家，有优秀的文化遗产，当然也有糟粕，我们要批判地继承，既不能讲虚无主义，也不能夜郎自大。而且，有很多的理念到今天也没有形成共识，如对市场经济的一些游戏规则，可能会仁者见仁，智者见智，因此，要允许他们有不同的看法，允许他们坚持自己的做法。只要不会对他人及国家民族的利益产生伤害，就不要轻易地抹杀他们的思想，要对今天的大学生有强大的包容性，不要要求他们做一些不情愿的事情，同时，他们也不能要求别人一切都和自己一样。

2. 对中西方文化要有兼容性

应该说，中西方文化并不是对立的，它们都是现代文明的丰厚的遗产。独生子女的一代被多位老人宠爱，表现出来的往往是过于自私的一面，要培养他们有付出的心态，要特别注意培养他们的团队合作能力，要组织他们共同做事情，潜移默化地告诉他们合作的重要性。市场经济是法治经济，这对我国传统的人治经济来说是一个挑战，要告诉他们我们的国家正在朝着这个方向走，同时也不能操之过急，要有过程，但法治经济肯定是大势所趋，这一代大学生要走在前面，要用正确的理念引导他们。

在计划经济时代，一切都要服从组织，要甘当革命的螺丝钉，应该说，这也不能说全是错的，但今天要特别强调实现自我价值的一面。社会之所以发展就是因为每个人都实现了自己的价值（私利）。如何看待"私"字？首先，市场经济讲平等交易，优势互补，允许有私，中国已经加入世贸组织，世贸组织就是要在全世界范围内进行优势互补，就是要通过每个企业极大地追求私利，来达到社会效益的最大化。其次，私是建立在不侵犯别人利益的基础上的，我们今天对大学生的要求，就是不能为了追求自己的私而侵犯了别人的私，这是绝对不允许的。最后，私没有明确的标准，因此也要有包容性，要有谦让的心态。要有正确的消费观，不要再轻易地把高消费和资产阶级画等号，贫穷不等于无产阶级，富有也不是资产阶级的专利。今天的大学生有可能会享受到改革开放带来的成果，要看到享受这个成果本身也是在促进经济的发展，如果人人都不愿意消费，那么社会财富怎么会转化为再投资和再发展呢？当然，也要引导他们量力而行，把自己的消费建立在可行的基础上，建立在科学的基础上，而不是简单地让他们做"禁欲主义者"。

要引导大学生做一个有文明、讲礼貌、尊老爱幼的人。现在国门大开，许多人有机会到国外去旅游观光，这当然是件好事，但我们也痛心地看到，国人的一些陋习在国外受到指责，直接影响了我们的国际声誉，因此，要引导他们做一个高尚的人，做一个能被世界接受的人。

3.对知识和科技要有创造性地模仿

先把西方的先进技术和理念拿来，然后消化、提高。据说，在美国到处跑的是日本的汽车，当年是日本人把美国的汽车引进国内的，现在他们抢占了美国的市场，这是个经济奇迹。我们和发达国家存在一定的差距，如果我们一切从零开始搞研发，是永远不可能赶超世界强国的，因此，要在学校就培养大学生的模仿性创新意识，锻炼他们的能力。

（二）树立科学的管理理念

21世纪高素质、高质量的人才是具有高度责任感、熟悉中国国情、致力于解决中国及世界经济建设和社会发展中遇到的实际问题的人才；是具有创新精神、创业精神、创新能力、实践能力，有能力解决实际问题的人才；是能活跃于国际舞台、活跃于信息化时代、活跃于市场经济条件下的竞争环境、活跃于终身学习社会的人才，而高校的任务正是要为社会培养出这样的人才，因此，这就需要高校树立科学的管理理念。

首先，营造环境的重要性。①营造好的制度氛围。我国正在做这方面的努力，尽管成果初现，但是还不尽如人意，还有许多的制度直接妨碍着社会的发展。大环境是很难一下子改变的，也无法急于求成，但我们不能坐等，要从制度做起，要营造积极的小环境。实践证明这是可行的，如有些学校优美如画的校园、良好的道德环境、和谐的人际关系等小环境就非常有利于学生的健康发展。②学校领导和教职员的示范效应。如果家长是学生的第一任老师，那么学校领导和广大的教职员工就是学生的第二任老师。心理和社会角色定位使学生的言行富有模仿性，他们也最信赖他们的老师，把教师看作知识的化身，高尚人格的代表，以及他们天然的学习榜样。教师的示范效应是因学生本身的心理角色定位而形成的，因此，对学生的要求也就是对老师本身的要求，按照"社会认同原理"，一定要有学生的楷模和偶像。还有一种示范效应就是学生自己。据报道，在北京的一所幼儿园，孩子们的英语普遍学得非常好，这得益于幼儿园在每个班级都找到了英语尖子生，让他们免费入托，因为同龄人是最容易被同龄人模仿的，在心理学上叫作"社会认同原理"，这种教育也是很关键的。那么，在学校也可以想出很多这方面的办法，树立学生们自己的偶像，可以达到事半功倍的效果。③运用管理学的"破窗原理"，发现有不好的现象及时将其消除掉，不能使之蔓延。管理学的"破窗原理"是指有一扇窗户被打碎了，如果不及时修补，那么第二块、第三块，乃至第四、第五块很快也会被打碎的。对学校出现的一切不好的现象一定要及时地纠正，千万不能使之蔓延。

其次，管理必须以学生为中心。在高等教育改革不断深化的今天，学生管理者应重视转变管理观念，只有更新管理观念，才能实现学生管理的创新，做到既按照合格人才的标准严格要求、精心管理，又根据学生特点，充分发挥其良好个性；既坚持宏观指导，又深入学生进行个别引导、教育；既坚持用统一的制度和培养标准去要求学生，又坚持按不同层次去评价和教育管理学生；既坚持宽、严结合，又做到动态管理，从而提高管理的实效性和科学性，促进管理水平迈上一个新的台阶，更好地实现学校培养"四有"合格人才的目标。

树立"以人为本"的管理思想是做好高校学生管理工作的首要前提。人本理论是现代管理科学经常用到的主要理论之一，它在现代企业管理中起着很大的作用。现在，我们从教育管理这一角度探讨人本理论在高校学生管理工作中的应用，树立学生管理工作人本价值观，以人为本，尊重人的本质的主体性、能动性和多样性，这是学生管理工作从传统走向现代的创新之路。

要强调人的主体性。马克思说："人始终是主体。"马克思主义"人的主体性"原理告诉我们，人的主体性是人作为活动主体的质的规定性，是人在认识和改造外部世界并创造自己历史的活动过程中所表现出来的能动性、创造性和自主性。在学生管理工作中，大学生既是管理的客体，又是管理的主体。因为高校学生管理归根到底是对大学生的管理，从做出决策、组织实施到目标的实现，都要依靠大学生，离开了大学生，管理工作就毫无意义，故大学生是管理的主体；大学生还需要管理者的教育引导，他同时也是被管理者，从这一层面来说，大学生又是管理的客体，两者应是辩证统一的。所以，在管理工作中应该确立"以大学生为中心"的思想，开展的一切管理活动都是为了服务于大学生，要尊重大学生的人格特点，最大限度地发挥学生的主动性与创造性，使之能够以主体的姿态积极参与管理活动，主动接受管理和开展自我管理。

要注重人的主观特性。人是有思想感情的，人的认识过程是一个复杂的系统，理性的思维过程是建立在情感、欲望等主观特性基础上的，它必须将人的基本要求、积极情感和意欲作为动力，正所谓"理乃情之所系"。列宁说过："没有人的情感，就不可能有人对真理的追求。"如果人的非理性本能要求、情感经常处于被压抑的状态，就不会有真正的理性之光。心理学研究表明：人与人之间的信息交流与传递，必须具有一定的心理基础，如果在信任心理基础上进行交流，教育者提出的思想信息和目标要求往往会被受教育者顺畅地接受，并能产生积极的行为效应。高校学生管理工作主要由高校学生管理者和大学生组成，纯粹是由"人—人"构成的管理系统，如果在管理中不充分渗透"人性"，不重视师生的情感交流，就难以调动大学生的积极性和主动性，为此，要将情感因素作为制度的润滑剂，去克服管理制度的冷漠及无情，以便加强管理的效度。所谓情感管理是指"在管理过程中尊重人的个性特点、考虑人的情感因素，强调师生之间进行双向情感交流，尊重人的情感，反对任何损伤和践踏学生情感的管理行为"。其关键在于"以情感人"。这就要求管理者在按章办事的同时，真心实意地为学生服务，急学生之所急，想学生之所想，对学生进行情感投入，同时也要注意把握学生的情感反应，通过情感沟通，了解学生的实际情况和出现的问题，并给予指引和教育，以达到有效管理的目的。

要尊重人的个性。人的个性是客观存在的，由于人性是历史的，也是具体的，而不是抽象的、超历史的，因此，人都具有个体差异，表现出多姿多彩的个性。作为管理对象的人，具有不同的社会属性和时间、空间属性。管理对象个体由于受到学习动机、兴趣、价值观等的影响和支配，在接受教育管理的过程中，个体的思想行为必然带有鲜明的个性色彩，对同一问题具有不同的看法和态度。这就要求我们在做学生管理工作的时候，要面对现实的人，全面准确地把握不同的管理对象所具有的共同特征和个性差异，针对不同对象的思想实际，制订不同的计划，提出不同层次的要求，并且运用不同的方法，有的放矢地解决不同管理对象的各种思想矛盾和思想问题，而不能先入为主、千人一法。大学生由于家庭条件、社会经历、个性特点、气质、能力和兴趣爱好等各不相同，思想活动的内容和特点也就千差万别、错综复杂。因此，高校必须尊重学生的个性发展，因人而异、因材施教，要把学生管理工作做得有差异性和针对性。高校学生管理工作要以学生为中心，具体应该做到以下几点。

第一，学校的主体是学生，一定要坚持以学生为中心。市场经济有一个很重要的理念：客户不一定都对，但客户都很重要。用在学校身上应该是，学生不一定都对，但学生都很重要。有了这样的理念，一定能做好学生工作。学生和老师不是对立的，而是同一个硬币的两面，皮之不存，毛将焉附？教育与被教育是相辅相成的。这个理念要求学校要经常开展老师与学生之间的对话与沟通。老师在教育学生的同时，自己也在接受教育；学生在接受老师教育的同时，也在潜移默化地影响着老师。

第二，学生管理要重服务。以人为本不是口号，要落实在每一件工作中。服务是互相的，服务是高尚的，服务发生在每个人的身上，如果没有了服务对象，我们的工作也就没有了存在的意义。

第三，强调自我管理模式。学生自我管理，是指学生在学校指导下根据教育目的和培养目标的要求，运用现代科学管理方法，对自己的思想和行为进行自我调节和自我控制的过程。高校学生管理的目的之一是激发学生的积极性、主动性和创造性，从某种意义上讲，高校学生管理的主客体目标是一致的，管理者希望能培养出一流的大学生，而学生也希望自己尽快成才。为了适应新形势、新情况，学生管理工作要从以学校管理为主向学生自主管理转变，要让学生了解学校的管理目标，从而消除在管理过程中的消极思想和对抗情绪，化管理为大学生的自觉行为。从心理学上说，任何人都不希望有人管理，可以有领袖，有楷模，但不要有管理。学生的自我管理应该体现在：一是由他们自己设定管理规范，自己设定的管理规范，执行起来自觉性要高得多；二是这个规范尽可能地自由多一些，限制少一些，文化多一些，制度少一些；三是要让更多的学生参与管理，发挥他们的聪明才智，使学生在自己管理自己的过程中，既发挥自己的才能，锻炼、培养自己，又对自己的行为有所约束，使学生在具有健全人格的基础上，千姿百态，各展其能。不要让少数人管理多数人，最好能让大家都有参与管理的机会，这样可以加强沟通和理解，也可以在管理中发现更多的人才。高校在强化学生自我管理的同时，还要注意帮助学生明确自我管理的意义，指导学生如何运用自我管理的方法等。

第四，以表扬为主，建立激励机制。所谓激励是指激发人的动机，诱导人的行为，使其发挥内在的潜力，为实现所追求的目标而努力的过程，其实质就是调动人的积极性。"激励措施是人本理论常用的手法，它对于做好人的工作具有非常大的作用。"常用的激励方法：理想激励法，即通过激发大学生的理想追求，鼓励大学生为实现自己的人生价值而努力学习和工作，这种激励法可以增强大学生的自豪感；目标激励法，即通过引导大学生不断朝着制定的目标奋进，使他们感到学习有奔头，这种激励法可以增强大学生的责任感；信息激励法，就是信息的交流与反馈，使大学生明确自己的情况，从而引发大学生的危机感，增强其紧迫感，使其更加努力地朝着目标奋进；精神激励法，就是从大学生的文化精神生活出发，通过表扬或授予一定的荣誉称号等来鼓励他们不断前进；物质激励法，就是通过一定的物质奖励手段来满足大学生的生活需要，调动他们的积极性，增强他们的实惠感。在运用激励法时要因人、因事、因地地灵活运用，并且要讲究时机，适度运用，这样我们的管理就会取得更好的成效，管理水平也会自然而然地提高。

第五，以引导替代限制。社会的发展很快，无论是社会科学还是自然科学都会有许多新问题出现，学生和老师都会有困惑，这时就不能简单地肯定什么或否定什么，一是怕误导学生，二是如果管得多了，学生会产生逆反心理。现在许多实践证明了：真理往往在少数人手里，所以要善待少数人。对于暂时解决不了的问题不要急于下结论，特别是对学生的创意千万不能随便地抹杀，我们只需要告诉学生什么可以做，什么不可以做，什么是底线，允许有上、中、下的差距出现，只要不超越底线就可以了。我们对思想活跃的学生更要加以引导，不能认为谁的思想活跃，谁就是异类，就不能被接受。想想"文革"期间的种种现象、种种悲剧就不难理解了。老师与学生之间一定要建立良好的沟通，平等交流，要有良好的互动。人与人之间如果没有了沟通，不难想象世界将会变成什么样子，人们之间就会没有了信任、了解、亲情、友情等。

二、完善学生管理体制

学生管理是对在校大学生的全方位管理，内容比较广泛，涉及学校的多个部门，需要各部门协调一致，以应对学生管理面临的新问题。在高校学生管理工作中，一是要加强学生工作机构的建设，强化其组织协调功能，理顺学生管理系统各部门、各层次、各岗位的职责、权限关系，建立健全责任制，做到责任到岗，责任到人，责、权、利相统一。二是要适当放权，发挥基层作用。现行的高校管理体制是以校、系两级职责分明，条块结合的学生工作网络和运行机制为显著特征的，校、系应担负对学生进行思想教育和行政管理的双重任务。因此，既要赋予系开展学生管理工作的职责，又要让其拥有开展学生管理工作所需要的权力，做到责权统一。适当下放管理权限给系，便于其及时发现问题，及时教育处理，可提高管理工作的实效性。三是实行年级辅导员制，与学分制相适应。强化以系为单位的年级管理，进一步增强班级管理、专业教学之间的融合力度。但强化并不否认班级管理，因为在学分制的条件下，班级仍然是一个重要的学生单元组合，应纳入学生管理体制。

鉴于过去的传统和现在高校学生管理体制的基础，对完善学生管理体制的设想是成立"精而专"的学生教育管理部。作为社会主义的中国，高校理所当然地要承担起我国社会主义建设继往开来的历史重任，使新一代不仅掌握现代科学技术，更重要的是接好社会主义的班，这是我国高等教育坚持社会主义政治方向的最大特色和根本保证。当前，我国高校学生管理实行的是党政合一、条块结合、纵横联合、两极运行的管理体制，这种管理体制有着管理观念陈旧、管理幅度大、效率低、效果差、管理模式单一等缺点。只有变分散管理为集中管理，变多中心"小而全"为集中的"精而专"，变间接管理为直接管理，才能更好地为贯彻实施思想教育计划提供可靠的组织保证。那么，这样的管理体制是什么？在此提出了一个大胆的设想——成立学生教育管理部。

当前我国高校学生管理工作体制的模式是"专兼管理"，即以学生工作处（部）为专门机构，协调校内的团委、宣传部、德育教研室、保卫处、教务处、后勤处等部门开展工作。学生工作要实现"专而精"，必须要将当前兼职部门分管的所有学生事务都划归给学生工作管理系统——学生教育管理部，它主要包括日常管理中心、学生资助管理中心、招生就业中心、团委、思想政治管理、心理咨询中心等。其中，由日常管理中心负责对全院学生进行学籍、档案、处分等方面的管理；由学生资助管理中心负责勤工助学、困难学生资助、助学贷款、学生评优等方面的管理；由招生就业中心负责招收学生、毕业就业等方面的管理；由团委负责学生课外活动、校园文化活动、第二课堂等的组织和管理；由思想政治管理中心负责思想政治教育、德育、形势政策等方面的管理；由心理咨询中心负责学生心理方面的咨询与研究，每个管理部门直接面对辅导员，由辅导员再做下一级管理。

这种管理体制结构旨在对现有的学生管理机构进行分化和整合，将学生工作从各基层单位中分离出来，形成功能专一的新机构，建立直属学生工作党委副书记或副校长领导的多个中心和办公室。学生教育管理部由学校党委及校长直接领导，实行管理上的直线职能制，这样便形成了分工明确、职责范围清楚、管理专业化程度高的学生管理队伍，便于提升管理水平。如变间接管理为直接管理。它有利于学校改变以往学生管理由各系负责，学校间接领导的状况，有利于提高工作效率，形成畅通的信息渠道，使学生管理工作实现高效率。再如变多中心"小而全"为集中的"精而专"。由于现行的学生管理体制实行各系负责制，在全校范围内形成了学生管理工作的多中心，而对各系部来讲，"小而全"的学生管理工作与教学、科研等相并列，很难将学生管理工作摆在突出的位置，各系领导也没有太多的精力。

集中管理就是要破除现有体制，将学生管理工作从各基层单位分离出来，形成专一的学生工作体系。首先，它有利于学生教育管理工作向科学化、专业化方向发展。由于成立了学生教育管理部，学生管理摆脱了政出多门，各行其是的复杂局面，政出一门，一竿到底，步调一致，整齐划一，减少了中间环节，避免了推诿扯皮，使工作更加迅捷有效；工作目标的一致性、工作性质的稳定性与专一性为学生管理的专业化奠定了基础；又由于在这种体制下，各系不再管理学生，系领导可以集中力量抓教学改革，以提高教学质量和科研水平。其次，它完善了学生服务体系。21世纪，学生教育管理工作发生了重大变化，其所包含的内容非常复杂，而学生教育管理部实现了招生、勤工助学、国家助学贷款、奖惩、心理咨询、就业的一条龙服务，为学生健康成长，顺利完成学业提供了可靠的服务。最后，它有利于提高工作效率。由于成立了学生教育管理部，在对学生进行统一管理的同时，全体学生管理干部也统一归口，集中管理，人员所属性质的一致性，为有计划、有目的地培养、提高学生管理干部的素质提供了条件。集中管理，统一使用，也易于合理安排工作，在工作中易于形成拳头，提高工作效率。

三、健全学生管理制度

学生是学校最大的群体，学生管理工作的成效直接关系整个高校的稳定与发展。高教改革迅猛发展，使大学越来越成为没有"围墙"的校园，大学生的法律意识不断增强，大学生个体之间、个体与学校之间的权利和利益关系也变得更加复杂，这迫切要求学生管理工作要运用法律和规章制度调节规范各主体之间的关系。依法治校、依法对大学生进行教育和管理是高等教育的任务，也是高校学生管理工作的指导思想。所以，建立科学、规范、完整的学生工作规章制度是学生管理工作的需要。高校应按照国家的有关法律规定，结合本校的实际情况，制定完整的、可操作性强的程序、步骤和规章制度，并以此对学生的行为进行规范，行使有效的管理。

首先，高校在对学生的管理中，必须依法制定全方位的规章制度，并对现有的规章和条例进行清理和修订，过去行之有效的方法和改革成果应予以继承，同时要充分考虑整个社会法制的进步和依法治校原则对学生管理的要求，无论是修订原有的规章制度，还是重新制定规章制度，都要注意与国家的法律法规、方针政策相一致，在规范管理的同时，要注意保护学生享有的合法权益，真正体现法的价值。

其次，要更正一种错误观念，即仅仅把法律作为一种工具和手段，把法制化管理理解为"以罚治校，以罚代管"。"管理"并非管制，"管理"是管理和服务的统一，要把法律作为管理学校的依据和最高权威，因为法律除具有惩罚、警戒、预防违法行为的功能，更重要的是还有评价、指引、奖励合法行为以及思想教育等基础功能。

最后，建立学生救济机制，保护学生的合法权益。要严格按照法律的规定，防止侵犯学生权利行为的发生。可以建立学生申诉制度，使学生权利得到保障。

四、改进学生管理方式

（一）学生管理工作进网络

网络技术使教育发生了根本变革，它日益成为高校大学生获取知识和各种信息的重要手段。网络文化具有内容丰富、传播快捷、环境开放、覆盖面广、难以监控等特点。它是一把"双刃剑"，既给高校学生管理工作创造了良好的机遇，又使高校学生管理工作面临严峻挑战。高校应充分利用网络这一现代化手段，搭建起有效的信息网络，积极拓展高校学生管理工作的新领域。

计算机技术是信息时代的高科技技术，是大学生必须掌握的一门应用技术。因此，要正确引导和教育学生健康地使用计算机，真正提高大学生的网络知识层次和上网水平。一是要加强网络道德和心理素质教育，增强大学生的自控能力。应定期举办网络知识讲座，对上网同学从思想上进行正反两个方面的教育，增强学生的责任意识，要让他们知道在上网的过程中，什么内容是不健康的、什么行为是不道德的和违法的，以增强他们的是非敏感能力和鉴别能力。二是要加强网络管理，严格入网要求，以防止有害信息的侵蚀。一方面，要提高校园网主页质量，另一方面，要加强与校外网吧的联系，帮助学生走上健康之路。三是要引导大学生开展一些丰富多彩、健康向上的活动，多举办一些与学生利益相关的计算机知识竞赛和问答。四是要培养团队精神，增加人际交往，实现师生之间、学生之间、学生与学校之间的网上交流，拓宽学生思想教育工作的渠道。郑州经济管理干部学院每学期都定期组织"网页设计大赛""电子竞技大赛"等计算机方面的比赛，拓宽了学生的知识面。五是要培养、建立一支精干高效的学生管理工作队伍。学生管理工作者应掌握网络信息技术，学习网上教育方法，及时收集、分析、监控网络信息，发现学生关注的热点、难点问题，尤其是带倾向性、群体性的问题，一旦发现应及时采取有效措施，有针对性地做好工作。

（二）学生管理工作进社团

校园文化是以学生为主体，以课外活动为主要手段，以校园精神为主要特征的群体文化。稳定和谐、健康向上的校园文化氛围，可以使大学生在参与中陶冶情操、开启智慧，产生一种归属感和安全感，有利于增强大学生客观认识自我、完善自我以及自我判断、自我发展的能力。在素质教育大旗的昭示下，高校社团如雨后春笋般兴起，形成了一股"创立社团热"，社团文化建设已成为校园文化建设的一个核心内容。应该说，无论是早期的文学社、艺术团、学术沙龙，还是近期的公关协会、科技开发中心等，都是青年学生在不同层次需求的驱动下，展示才华、锻炼能力、加强联系、获得沟通的好场所，其中不少社团也是教育者理解学生，调适教育行为，提高教育效果的好渠道。高校学生管理工作者应该充分利用社团开展思想指导工作。

首先，要提高校园社团文化活动的层次。目前，校园社团文化建设中存在"三多三少"现象，即娱乐型的内容多，启迪型、思考型的内容少；各种社团名目多，而真正有吸引力的社团少；校内活动多，而能拿出去的东西少。究其原因，主要是社团文化活动的层次较低造成的。因此，加强校园社团文化建设就是要努力提高社团文化建设的层次，使它接近或略为超过大学生的理解能力和欣赏水平，以更适合大学生的口味。

其次，要加强对学生社团的管理。学生社团是学生自我管理，自我教育的重要形式。学校要加强对社团组织的管理，使社团在开展活动时注意遵循以下原则：一是学生社团必须服从学校的领导和管理，学生社团应在法律、宪法和校纪校规范围内活动；不得从事与社团宗旨相违背的活动；二是学生社团邀请校外人员到学校开展社会政治和学术活动，须经学校同意；三是学生社团面向校内发行刊物，须学校批准，并接受学校管理。

最后，要注意坚持校园社团文化活动开展的长期性与实效性。有些地方开展校园文化活动存在节日时活动一哄而上，平时则活动寥寥的现象，或者活动只注重表面，仅仅追求轰动效应，摆花架子做表面文章，不注重学生是否能从活动中获益，这样的活动与教育目标是背道而驰的，与我们校园文化建设的要求也是格格不入的。

（三）学生管理工作进公寓

随着高校后勤服务社会化步伐的加快，学生公寓的环境氛围、文化设施，以及公寓的管理模式都对传统的高校学生管理工作提出了新的要求，也给高校的稳定工作带来了新的问题。因此，学生管理工作进公寓是高等教育改革与发展的时代要求，是高校学生管理工作者的战略抉择。学生管理工作进公寓是一项全新的工作，也是一项艰巨的工作，我们要根据当前学生公寓管理的特点，建立新的组织形式、工作机制。如辅导员进驻学生公寓，与学生同吃、同住、同生活；把学生党团组织建到公寓，充分发挥党团组织引导人、团结人、凝聚人的作用；建立学生公寓的自我管理组织，努力把学生公寓建成学生自我教育、自我管理、自我服务的场所；积极组织开展公寓文化建设活动，为学生管理工作创造良好的环境条件和氛围等。学生管理工作进公寓，要特别重视加强对大学生集群行为的控制与引导。客观上，高校学生住宿的公寓化，容易引发学生的集群行为，而大学生的集群行为具有行为过程的失控性、行为后果的破坏性等特点，一旦对学生的集群行为失去控制，极易扰乱校园秩序。因此，一方面，要教育引导大学生全面、客观、辩证地思考问题；另一方面，要建立正常的信息反馈和对话机制，针对问题，因势利导，及时进行情绪疏通，从而加强对大学生集群行为的控制与引导。

21世纪需要的是综合素质高且具有创新精神和实践能力的高级人才。要实现这一目标，新形势下高校学生管理工作必须变被动为主动，确立以人为中心的管理思想，在管理中充分发扬民主，调动大学生的积极性。同时，我们还需要不断加强学生管理工作队伍建设，探索新的管理模式，运用现代化的教育管理手段，使高校学生管理工作进一步科学化、制度化、规范化。只要不断学习并积极探索，高校学生管理工作一定能适应新形势的要求，为人才的培养做出更大的贡献。

第五章　现代高校科研管理探析

高校作为培养高素质人才的主阵地，其科研能力的高低与其科研管理的质量和水平有重要联系。如今，我国高校的科研管理与以往相比，虽然已经有了明显的进步，但其中依旧存在一些不可回避的问题，对高校科研管理的长远发展造成了一定阻碍。本章分为高校科研管理的主体与客体、高校科研管理创新机制两部分。

第一节　高校科研管理的主体与客体

一、高校科研管理的主体

高校科研管理的主体，从我国目前来看主要是指各高校、高校的上级行政管理部门，包括地级市、省、中央等教育行政主管部门。此外，人力资源是科研力量的核心，也是科研力量的灵魂，没有人力资源就无所谓科研力量。科研力量能否实现集约化发展，起决定性作用的是"人"，即广大的科研人员，是具有生命的鲜活个体，人的整体发展态势决定着"物"的流向与存在的状态。可见，广大教师和科研人员是高校科研活动的主力军，他们的积极性能否得到完全发挥，是高校科研实力能否发展壮大的关键。

把"以人为本"的理念运用到高校科研工作中去，就是指在科研管理中，将人置于管理的核心，确立人的主体地位。通过卓有成效的管理活动来调动广大教师、科研人员和科研管理人员的积极性、主动性和创造性，以保证科研工作目标的实现，同时，致力于人的发展，积极创造条件，努力促使广大教师、科研人员和科研管理人员全面而自由地发展。因此，在高校的科研管理中就应当坚持"以人为本"，这不仅是科研人员自身发展的需求，也是科研管理可持续发展的必要前提。在高校科研管理中充分发挥人的主体性，是实现对人的终极关怀的必要条件。在高校的科研管理中，只有重视科研人员及教师的主体作用，凸显他们的主体地位，充分发挥他们的主体性，增长他们的主人翁意识，才能加强他们的责任感，调动他们的积极性，充分发挥他们的智力潜能，拓展他们的思路，提高他们的科研能力和水平，为高校科研的发展做出贡献。坚持以教师个体的发展为本。当今时代，随着信息技术的飞速发展，人类知识更新的速度空前加快，这对高校教师提出了严峻的挑战。要成为一名称职的高校教师，必须首先应该是位研究者，因为科研是促进教学水平提升的重要手段，不会搞科研的老师不是一个好的老师。

（一）国外高校科研人员的管理策略

科研人员管理在国外作为研究课题已经存在几十年了。对于怎样提高科研人员的主体意识、工作绩效、满足感已有较多的研究成果。今天研究的商业环境发生了重大改变，战略的变化方面更加强调发展，时间对于市场更为重要，知识产权越来越被看作核心能力。新的计算机和电信技术给工作带来了方便，团队工作成为科研创新的重要形式。

1.高校科研人员管理的传统观点

（1）奖励科研人员

尽管科研人员能用外在的奖励来触动，但有证据表明，与外在奖励相比，内在奖励是更有效的动力。例如，阿尔珀特发现技能上的挑战是科研人员的主要动力；卡茨发现能提供新挑战和新技能的一系列工作职位能激发科研人员；卡里发现许多科研人员对项目工作的挑战更有兴趣。金钱是普遍的外在奖励，但它不能让科研人员对他们的工作产生狂热的兴趣；但内在奖励能在今天的商业环境里产生这类激情，使科研人员达到高水平业绩。科研人员愿意留在有趣和有挑战性的实验室，而会离开提供常规工作、拥有较少个人自主决定权的实验室。因此，当前的奖励体系需要关注工作本身的内在奖励。

但是，当前的奖励体系也需要采用外在奖励，因为高业绩的科研人员能对组织做出实质的财政贡献，当前的奖励体系需要灵活地依据他们的贡献相应地给予科研人员奖励。有证据表明如果高业绩者遇到有更好待遇的地方，他们就会离开。因此，更宽的工作范围、更好的现金红利和更大的提升机会也有助于留住高业绩科研人员。

因为当前的科研机构非常依赖跨功能团队，这些机构也给跨功能团队的业绩提供奖励。在今天的环境下，科研人员常常发现工作压力很大，难以平衡工作和生活。因此，在生活安排方面，如弹性工作时间、健康俱乐部和体育馆等不仅能留住科研人员，也能吸引科研人员。

（2）赞扬科研人员的业绩

成功的组织机构以一种正式和系统化的方法评价业绩。有几个评价指标有助于考量科研人员的业绩。一些评价指标是量上的，出版物是体现创新精神的一个信号，专利是创新精神潜在市场化的一个信号，引用专利次数和专利产生的财政收入是体现专利重要性的量。一些评价指标是质上的，自我评价和专家、管理者、同事和消费者的评价在一个或更多业绩维度上给个体排出等级，评价个体完成任务的程度。有代表性地使用多重评价指标更能取得理想的效果。

（3）职业管理

传统假设认为科研管理有两个方向：技术方向和管理方向。有着技术方向的人，更可能获得博士学位，经常评估研究的自主权和技术绩效。那些有着管理方向的人，更有可能受到较少的技术教育，注重商业成功和组织业绩。

为了适应这些职业方向，科研机构创设了双职业通道。那些有着管理方向的人在管理道路上获得提升，有着技术方向的人在技术道路上获得与那些在管理方向的人同样的提升。这种双职业通道也适合传统的专业团队。而且，科研人员可以有多于两个职业的方向。

2. 高校科研人员管理方式的新趋势

（1）跨功能团队

传统的科研人员只是对技术工作承担责任。在跨职能团队里，不同功能团队成员像紧密完整的跨功能部门那样工作。因而，除了对技术工作承担责任，科研管理人员分享了整个跨功能团队工作的其他职责。跨功能团队被科研管理广泛接受，因为团队既能促进研发目标的完成，又能减少正式评估的需要。所以，跨功能团队可以使工作生活质量得到有效提高。

为了在今天的全球经济里取得竞争优势，跨功能团队可能在全球分布。这些团队允许跨国机构聚集世界各地高素质科研人员，使其在一个团队工作。不过，傅里叶认为这些团队如果没有正确的管理，那么就更可能遭遇失败。因为这些团队跨文化的本质可能导致交流问题。为防止团队失败，他建议使信息明确，增加面对面接触的机会；在团队成员间建立信任，不断地促进团队成员间的交流。

（2）领导科研人员

传统技术管理者通过命令和控制系统管理科研人员，他们制定研究方向，设定计划、程序和规则。而且，他们确保科研人员沿着指定方向前进，遵循这些计划、程序和规则。在竞争性的科研工作里，技术管理人员退出来，更多管理岗位由个别科研人员担任。

技术管理者发挥着两种重要作用：催化剂作用和首领作用。技术管理者提供给科研人员一个富有挑战和更多自主权的环境，提供明确的工作目标，允许他们成长、发展，通过这样来实现催化剂作用。技术管理者通过指导科研人员工作来发挥首领作用。然而，技术管理者起催化剂作用越大，其发挥的首领作用就越小。为了在今天竞争激烈的研究和发展环境里取得成功，技术管理者要从命令和控制方式转向领导方式。因而，技术管理者要从首领角色转向催化剂角色。管理技能、人际交往技巧和专业技能对于技术管理者发挥催化剂作用有着十分重要的意义。

（3）知识管理

科研人员是知识工人，知识是获得竞争优势的核心资源。知识一般分为两类：显性知识和意会知识。显性知识能口头传递或通过文字传送；意会知识是个体化、经验的，更多是通过联合活动传送。而且，两类知识存在于个人和组织里，科研机构通过管理这两类知识获得竞争优势，特别是意会知识。知识管理在技术组织里起作用的两个主要因素是文化和结构，信息技术成为第二类因素。

（4）电子和其他技术

科研人员的工作主要依赖信息的流动和分析。电子技术能用于指导分析信息。网络是大大提高信息传播速度和降低交流成本的新工具。因而，网络有潜力大大提高科研人员的成绩。他们使用网络促进产品的开发和项目的研究。以网络为基础的系统开发，在最短时间内发现和解决涉及的问题，开发的时间和花费大大减少。

他们使用了以网络为基础的数据库去进行知识管理，使用在线数据库在其他组织领域寻找已存在的技术。然而，有这样一个在线数据库不足以保证科研人员能成功地交流技术知识。因而，在线数据库需要有效管理。

（二）高校科研管理人员的素质要求与绩效考评

高校是信息的传播地，是人才的开发地，也是新知识的诞生地。新知识的产生需要高校科研人员不断进行深入的科学研究。高校科研水平的高低与科研管理人员有着密切的关系，科研管理水平在很大程度上影响着高校科研的发展。高校科学研究除了需要一支高水平的科研人员队伍，同时也需要一支高素质的科研管理人员队伍。建设一支结构合理、训练有素、有开拓精神的科研管理人员队伍是高校科研管理充分发挥管理效能的必要条件，也是科研水平不断提高的重要保证。

1. 高校科研管理人员的素质要求

（1）较强的政策能力

对高校科研管理人员来说，应该重点了解、熟悉和掌握国家发展科学事业的路线、方针、政策及规定；应重点了解、熟悉和掌握科研管理工作范围内的有关政策和规定，以保证自觉地贯彻执行这些政策、规定，防止和杜绝违反政策、规定的情况发生。同时，在执行过程中，还要同本地区、本单位、本部门实际情况结合起来，充分发挥自己的主动性和创造性。只有这样，才能保证党和国家发展科学事业的路线、方针、政策得到正确贯彻和落实。

（2）崇高的敬业精神

科研管理工作归根到底是一项服务性工作，没有认真负责的工作态度和敬业精神，一切工作就会成为无源之水、无本之木。高校从事科研管理工作的人数有限，工作千头万绪，既要对科研活动实施管理，又要为科研人员服务，所以科研工作需要走在前列，只有把敬业放在首位，才能以工作为重，不计较个人得失。科研管理人员必须以饱满的热情投入工作，在科研管理工作中，不怕困难，虚心请教，锐意创新，树立为科研服务的意识，踏踏实实地做好本职工作。科研管理人员还应牢固树立实事求是的思想和客观公正的办事作风，树立起耐心、细致的工作态度，在所从事的科研管理工作中，发扬敬业奉献的精神和一丝不苟的工作作风。

（3）高尚的职业道德

科研工作技术含量大，涉及的先进技术多，良好的职业道德是做好科研管理工作的必要条件。以道德为基础、以职责为根本、以法律为准绳，充分认识知识产权含义，牢固树立知识产权意识，严格遵守科研保密规定，尊重科学，崇尚真理，公正、客观地对待各个项目、各项工作、各位科研人员，排除杂念，这是科研管理人员的必备素质之一。科研管理人员应树立服务第一的意识，想科研人员之所想，急科研人员之所急，处处为科研人员着想，做科研人员的坚强后盾，尽量解决他们在科研工作中遇到的困难，使他们能一心一意地投入科研工作。

（4）扎实的专业知识

科研管理工作面临着各个学科、各个研究方向不同的研究内容，这就需要科研管理人员了解相关学科的一般知识，只有这样才能较好地对不同学科、不同研究方向、不同研究领域的研究工作进行有效管理。随着大学交叉学科不断增多，管理人员要加强专业知识的学习，及时补充相关知识，以适应现代科研发展的需要。科研管理人员要不断学习科研管理理论、方法和政策，并创造性地与本院校实际情况相结合，学会发现问题、分析问题和解决问题，善于从大量细微的工作中总结经验，不断把握科技工作的特点和规律，解决工作中的问题，并以此来指导今后的科研管理工作。

（5）综合的管理能力

科研管理人员的工作是围绕管理进行的。管理能力包括创造性的思维方式，较强的判断能力，独立的工作能力、组织能力、表达能力等。科研管理人员既要学习管理理论，以管理理论指导实际工作，又要在丰富的实践中总结经验；既要与大量的数据、信息打交道，又要与不同层次的人员打交道，要有分析能力。所以科研管理人员掌握一定的管理艺术，把管理的方法和理论、手段应用于工作中是非常有必要的。要以科研管理理论为指导，以科研实际为前提，以科研实践为准则，在千头万绪的工作中厘清思路，判断出重点、要点。

（6）较高的处理信息能力

高校科研管理人员首先要广开信息源。科研管理人员既要了解科研的基本特点及基础知识，又要从宏观上掌握科研动态信息，从中采集有价值的科研信息；既要了解当前的领先课题和研究重点，又要掌握科研发展的客观要求及主要矛盾，不断吸收新信息，充实科研工作。其次，要收集、转换和处理信息，并对信息进行检索，核定其可靠性。科研管理人员在收集信息时，要重视调查研究，掌握全面而系统的情况，绝不能让东拼西凑的信息成为决策的根据。再次，要将信息进行整理和纯化，并编制索引供人查询。最后，科研管理人员还要重视信息反馈，努力使之形成人本管理的灵敏的网络化的信息反馈机制。

（7）良好的协调能力

科研管理人员与各级各类部门、单位管理人员联系时，要在科研项目开发和申报工作中起穿针引线的作用。上级部门的政策和指示、科研人员的研究成果都要通过管理人员相互转达，这样才能保持良好的互动关系，才能使有价值的项目得到上级主管部门的支持，从而尽快转化为生产力，推动科技的进步。高校科研管理人员不但要有横向、纵向协调的能力，还要有与科研人员保持联系的协调能力，使科研人员对政策和指示有全面的了解和掌握，并且要把各个环节协调好，为科研工作创造一个有利的外部环境，充分调动广大科研人员的积极性、主动性和创造性，促进科研工作的开展。

（8）高超的服务能力

高校科研管理工作的一个重要目标就是最大限度地调动科研人员从事科研创新活动的积极性，使他们快出成果、多出成果、出高水平的成果。因此，科研管理人员应牢固树立以人为本的思想，树立科研人员至上的观念，提高服务质量，营造良好的科研环境。科研管理人员平时要注意加强与科研工作者的交流和沟通，听取他们的建议，了解他们的工作进展，帮助他们反映问题，解决困难，协调好各方面的关系。科研管理人员要有默默无闻，"甘为他人作嫁衣"的奉献精神，主动、热情、高效地为广大教师从事科研工作发挥桥梁和纽带的作用。

（9）不断的创新能力

科研管理也要有创新，包括管理观念的创新和管理方法的创新。观念创新要求科研管理人员对科研、对管理的认识更加科学化、系统化，能够突破以前的管理模式，适应高校体制的改革需要；不能仅把使用计算机等现代手段当作管理观念的创新，对于过去好的管理观念，现在尚未被广泛应用的，也要继续推广，这也是创新的重要方面。方法的创新对于现代管理来说，首先是建立在熟练应用现代化科研手段的基础上，在当前，这是方法创新的基本问题。管理工作涵盖的面很广，方法的创新至关重要。管理工作的创新可以更大地激发科研人员的创造力，推动科研工作的科学化进程。目前，我国的科研管理系统的效率还比较低，许多机构缺乏一套有效的责、权、利统一的管理体系，不能适应社会发展的需要。要建立一个全新的管理体系，必须激发管理人员的创新意识，并加大投入，通过各种政策和激励手段推进管理创新，培养管理人员的创新能力。当前，围绕信息化而进行的管理创新已初具规模，但研究的深度还不够，而且还只限于高层科研单位，在这方面还有很多工作要做。

（10）持久的市场开拓能力

市场经济在本质上是促进科技与经济社会结合的催化剂，是推动科技繁荣进步的推动器。科研管理人员要善于洞察市场，根据市场经济和社会发展的需要，及时调整和合理配置基础研究、应用研究和开发研究三方面的力量，在保持拥有一支精干队伍的同时，积极组织更多的科技力量，主动走向市场，把研究与开发的成果尽快转化为生产力，使之参与社会经济大循环。面对激烈的竞争，面对活跃的市场，要想抓住机遇，发展自己，并赢得国内外的支持，科研管理人员的公共关系活动很重要。科研管理人员的公共关系活动，可以促进科研组织内部的协调，优化科研组织外部环境，推进科研课题的立项和成果转化。

高校科研管理人员的自身素质和管理水平对高校科研工作的发展有着重要的影响，科研管理人员应不断加强自身建设，树立高度的敬业精神和奉献精神，充实管理专业知识，拓宽自身知识面，运用现代管理思想和手段做好科研管理工作，为实现学校整体研究水平的提高和科研工作的跨越式发展做出应有的贡献。

2.高校科研管理人员的绩效考评

高校科研管理人员绩效考评，是指考评主体从绩效目标出发，通过一定的方法和客观标准，综合评价科研管理人员的素质、工作能力、工作成绩、工作态度等。它是高校科研人力资源管理工作的重要内容，也是高校进行绩效管理的一个核心环节。科学、合理、高效的绩效考评制度能有效地激励广大科研管理人员，能改善他们的行为，并充分调动他们的能动性、积极性、创造性，实现学校和个人的共同发展，对高校管理体制建设有着重要的现实意义。

（1）建立目标明确、可操作性强的量化考核指标

考评什么是考评工作首先要解决的核心问题，是绩效考评能否有效进行的基础，也是衡量考评工作的关键。在绩效考评工作启动之初，科研管理部门就应分析并统计近年科研管理的整体运行情况，仔细研究学校的发展战略目标并根据各部门教职工工作的实际情况和岗位特点建立具有可操作性的综合考核指标。各院系部门负责人要根据本部门工作性质，对相应的科研管理任务进行分解，建立部门内部的科研管理绩效指标，各院系领导应同员工代表一起，对个体所在岗位的特点展开有效分析，在明确工作目标、职责、权力和条件的基础上，将部门绩效指标进一步细分为各职责的绩效衡量指标。同时在建立考核指标时要明确学校的发展规划和战略目标的实现，不是靠几个人或几个部门来完成的，它最终是要靠每位教职员工的努力来达到的。对于不同的岗位、不同的职责要求，考评指标也应有所不同。所以部门负责人应采用调查、访谈等多种形式，加强与教职员工的联系，让员工主动接受绩效管理。指标的确定要尽量做到将科研年度重点工作和临时突击性任务逐层逐月分解到每个具体的岗位上，形成教职工月度考核指标。在量化指标的描述中尽量采用准确的量词，以保证考评的客观、公正，避免人为的偏差。如果选取的指标不可控，那么绩效考核就失去了实际的意义。

（2）构建完整、系统、连续性的考评模式

考评指标确定之后面临的问题就是如何考评。绩效考评在整个绩效管理流程中占有重要的位置，前期考评指标的铺垫在这里得到结果的呈现。绩效考评工作绝不仅仅是考评方简单地对被考评方照表打分，这一环节仍然需要充分的、科学有效的沟通，它是实现考评目标的重要保证。目前，很多高校的科研管理绩效考评仅仅意味着打分、填表，没有足够重视沟通环节，从而削弱了考评结

果的可信性，导致员工产生抵触情绪，进而导致整个绩效管理体制的低效和"失效"。完整系统的考评模式必须是考评双方就考评方对被考评方的评价进行沟通与讨论，考评方有义务对每一项指标的得分进行说明，被考评方有权提出自己的不同意见。如果双方不能达成一致，还可以通过正常渠道进行绩效申诉。积极有效的沟通，能够避免"暗箱"操作和因一些主、客观因素而带来的考评偏差。在考评过程中学校应重视对执行过程的检查和控制，准确了解各岗位绩效目标的执行状态，及时发现执行中的问题，并采取有效措施，使绩效目标的实现得以保证。在考评实行过程中要坚持做好记录，形成绩效文档，随时针对出现的问题进行沟通。

（3）制定合理的绩效反馈与奖惩制度

很多科研管理部门在考评结束后，领导层很少就考核事宜与员工沟通，甚至对考评结果进行保密。这样做的结果就使考评事实上沦为对过去工作的回顾，而对未来工作的改进毫无意义。绩效考评结果反馈的目的主要有两个：一是对工作信息的反馈，利于员工调整工作方法；二是激发员工的上进心和工作热情，授之以渔，从而提高绩效。因此，应最大限度地减少员工对考评结果的神秘感，将反馈做到公开化、规范化、制度化。反馈的形式根据需要可以多样化，比如可以是直接面谈，也可以采用考评结果报告等方式。在反馈环节里最容易出现的问题是与主持考评相关的领导或负责人没能对员工的优点和缺点给予明确的信息揭示，未能结合科研管理绩效目标传达出对员工的期望。一个完善的绩效反馈报告除了要回顾员工过去的绩效表现之外，更重要的是能够通过考评来了解各院系部门和员工的能力状况和发展潜力，有的放矢地制订更完善的发展计划，从而最大限度地激发员工的工作积极性、主动性和创造性，提高科研工作的整体绩效。

（4）树立团队绩效价值观，实现绩效最大化

在绩效考评过程中，由于价值取向的不同，考评的标准、指标及考评办法等都会有相应的差异，可以说价值取向是绩效考评的基础，也是建立整个绩效考评体系的方向标。高校科研管理工作是个完整的系统，许多管理工作都是相互联系、相互影响、相互制约的，只有各部门协调配合才能构建出和谐的整体。以团队的绩效去评价团队成员的业绩，这样绩效评价就容易找到一个参照，对绩效指标也能进行有效的把握。在评价标准的选择上，既要考核工作结果，又要考核工作流程，有助于团队精神的培养。在进行个体绩效考评指标设定时，树立团队绩效观，根据各岗位的实际情况，适当加入一些与团队绩效和流程相关的指标，并通过团队绩效目标及相关工作流程将不同特点、不同能力结构的

人员融合在一起，量才而用，重视引导，达到团队成员互促共赢的局面，实现整体绩效最大化。

（5）加强辅导，促进人员综合素质的提高

绩效管理强调以人为本，重视个体的参与，强调沟通与互动，而这些行为的最终目的之一就是提高被考评对象的整体素质。职工的整体素质提高了，对目标的认可度提升了，整个目标才会得到很好的执行。绩效考评只是绩效管理过程的重要环节之一，考评的结果不仅是针对过去工作的检查和测评，而且要解决如何才能提高绩效、达到目标、提高员工整体素质等问题。根据阶段考评结果，高校相关管理部门领导应帮助职工找出问题所在，使其改正缺点，提高工作效率。其中重要的理念是帮助提高，而不是批评教育。

二、高校科研管理的客体

（一）高校科研管理客体的相互关系

提高高校科研管理创新能力必须调整好管理与服务的关系。"管理就是服务"是管理学的重要观点之一，并被用于科研管理工作之中。在对科研管理就是服务的认识上，许多高校的领导者认为，科技（研）处是学校的行政管理部门，是学校科研政策的执行者，强调科研管理工作就是服务工作。有的科研人员认为，科研管理部门是学校的机关部门，科研管理人员是行政人员，不能管理科研本身，只能管理与科研有关的事务性工作。受此影响，一些科研管理人员认为，政策是领导的事，学术是专家的事，科研管理人员的工作就是事务性的服务工作。在对科研管理与服务科研的关系的理解上，不能将目标与过程混为一谈，认为服务工作就是管理工作，做好了日常的服务工作就等于做好了科研管理工作。事实上，服务是科研管理的目标，但不能代替管理过程，科研管理的过程本质上是管理活动。此外，在管理过程中不能只考虑围绕建立科研组织，协调科研组织与人员的关系等生产关系方面开展工作，必须合理组织与配置科研资源，充分发挥科研资源的生产力作用，并努力获取最大效益，使科学技术真正成为第一生产力。科研管理创新能力来自管理者。正如科技创新必须调动科技人员的积极性一样，科研管理创新必须调动科研管理人员的积极性。因此，科研管理人员必须将管理与服务的关系调整好，以"树立服务意识、强化管理职能、创新管理模式、提高服务效益"为指导思想，即通过提高管理效益来提高服务效益。从这个意义上来说，只有服务意识、没有管理意识，就没有高质量的管理效益，提高了管理效益就是提高了服务效益。强化管理人员的管理意识是科研管理创新的保证。科技创新反映的是科技进步与科技水平的提高，要求对管理不断进行改革和创新。因此，管理创新必须与科技进步同步发展。经验对于管理是很重要的。但仅凭经验和直觉是不能做好科研管理工作的，当前科研管理人员在注重服务意识的同时，必须强化管理意识。

（二）高校科研的过程与目标管理

高校拥有包括高水平的科技专家在内的丰富的人才资源，其学术思想活跃、学科门类齐全，非常适合进行自由探索式的、多学科交叉的应用研究。实践证明，高校已经成为我国科技创新队伍中的有生力量。高校的科研管理，是高校管理工作中不可缺少的方面，高校科研管理者肩负着对科研项目、科研组织、科研效应等方面进行管理的重任，对高校的科研乃至整个高校的发展都起着十分重要的作用。

1. 高校科研的过程管理模式

高校科研的过程管理模式是指对科研项目立项、项目实施与经费管理、监督与检查、结题验收等几个科研环节的具体过程进行管理。

我国现行科研管理体制以课题制为主，是典型的过程管理模式。在过程管理模式下，政府在真正的科研开始前就对项目展开投资。科研经费在整个项目周期内的所有权是国家的，使用权属于研究者，而监督权属于项目的依托单位，实行的是跟踪式的管理。大致流程是，政府根据国家科技发展战略制定项目指南，符合资格的科研人员申报项目；经过一个复杂的立项评估程序，一部分项目获得批准；项目的实施阶段；验收和结题。其中项目的实施阶段又包括项目的具体实施、项目阶段评估、项目中期评估、经费管理和监督检查等环节。

但是，高校科研的过程管理模式也存在一定的问题，主要表现在以下几个方面。

（1）重立项轻产出

获资助项目数目和资助金额一直以来被作为衡量科研机构和科研工作者科研实力的重要标志之一。有没有项目、有多少科研经费直接决定了科研单位的地位及科研工作者的职称评定和升职加薪。过程管理模式下，政府对科研有大量的先期投入，而对于资金投入后是否产生了真正的成果很少进行实质的审核，许多项目的验收和鉴定都流于形式，给科研机构和科研人员造成了项目立项比最后的成果更重要的不良印象，导致科研工作者把大量的精力集中在项目申请上，科研工作者在跑项目等环节上的人力、物力、财力投入甚至大于对项目研究的投入。

（2）难以反映科学前沿动态

项目的研究目标、技术路线、研究方法及经费预算都是在经过大量的调研、论证和充分的检索查新后完成的，很多思路和设计在研究人员提交申请书时都处于某一研究领域的前沿。但是，立项一般要经过项目申请、形式审查、同行评议、综合处理、评审会等几个主要环节。这个过程一般要持续很长一段时间，经过这样一个漫长的审核，办完繁杂的手续，任何前沿的天才的创意和构想都可能变得不再前沿，甚至实施时再去查新都可能发现自己有拾人牙慧之嫌了。

（3）科研机会不平等

过程管理对项目申请者的资格有严格的限制，一般要求有较高的职称、资历和学历。显而易见，过程管理模式凭资历、学历而不是凭科研成果决定经费资助。这造成了科研工作者之间科研机会的严重不平等。

（4）科研经费管理混乱

首先，项目立项时的预算不能全面真实地反映获得预期成果所必需的项目直接成本和间接成本，纳入经费预算的支出条款与项目实际执行过程中的花费往往不符。其次，公私不分，化公为私，科研人员中将科研经费用于个人开支的现象大有人在，甚至存在有人用科研经费购房、购车和购买其他固定资产的现象。

（5）监督难度大

过程管理模式下的监督问题是一个痼疾，花费了大量的人力、物力、财力，但收效甚微。首先，承担单位的科研管理人员受自身专业知识背景的限制，很难及时、准确地掌握每一个科研项目执行过程中诸如研究方案、技术路线的改变等一系列问题。其次，对科研管理的监督长期以来不够重视，尽管需要管理的项目很多，科研管理部门的人力、管理经费等却都相当有限，监督起来心有余而力不足。

2. 高校科研的目标管理模式

针对过程管理模式的弊端，许多人提出了进一步加强管理、审计、追踪等对策。但上述种种问题的出现，并非仅仅是管理不善或监督不严所造成的，过程管理模式本身也存在很大问题。在过程管理模式下，科研经费的所有者、使用者和监督者，三者的利益是不一致的，为了追求各自利益最大化，就形成了研究者想方设法花钱，监督者因为钱不是自己的监督起来没有动力，而所有者又难以直接监督的局面，必然导致科研效率低下，科研经费大量浪费。科研管理应摆脱惯性思维，抛弃对过程管理模式打补丁的做法，改为以目标管理模式为核心。

目标管理模式是指以成果评价为核心对项目所达到的目标进行管理。相对于过程管理模式在真正的科研工作开始前即对项目投入科研资金，注重对项目立项、项目实施、科研经费管理、监督与检查等科研的具体过程进行管理，目标管理模式下，政府对科研项目基本没有先期投入，仅对通过审核认定的科研成果投入资金，强调对科研项目所达到的目标进行管理，即注重对成果的审核、鉴定、购买与转化等方面的管理，而对出成果前的科研的具体工作诸如人员安排、项目研究的进展、经费预算等都不予关注，把具体的科研工作视为不可见的"黑箱"。

目标管理模式以成果为核心，抓住了问题的本质，使有限的科研资金投入最能产生效益的地方，同时简化了管理程序，克服了过程管理模式长期以来眉毛胡子一把抓，什么都想抓，又什么都抓不好的弊端，无疑是一套真正公平的竞争机制。它促使激烈的竞争由项目的申请转移到研究和出成果上，形成重视产出的导向，极大地提高了我国科研的整体效率和科研投入产出比。

第二节 高校科研管理创新机制

一、高校科研管理与原始性选题

（一）科技查新与高校科研的关系

科技查新是以文献检索为基础，运用综合分析和对比的方法，为评价科研立项、专利申请、技术咨询等的新颖性和先进性提供客观事实依据的一种情报信息咨询服务。旨在提高科技立项和科研成果的水平，避免出现科研项目低水平重复和成果鉴定、评奖失准等问题，促进科技立项和成果管理的科学化和规范化。

科技查新就是通过各种情报手段，对科研课题和科技成果的新颖性、科学性、创新性及适用性进行综合性评价。通过查新可以提高科研课题立项的合理性、必要性。

1. 科技查新为学科研究方向的制订提供客观依据

学科研究是高校科研的基石。稳定的学科研究方向是保证得到重大科研成果的必要条件。科研创新的核心应是研究内容的先进，就是要看其研究的预期成果是否比他人已知或已有的东西具有先进性。通过查新，候选研究方向的优劣显而易见，同时可以避免人为主观对特定候选研究方向的倾斜，体现了决策的科学性和公正性。

2. 科技查新为科研项目选题提供保障

确定选题是争取项目的关键。除了依靠校内专家，采取多种方式做好项目的开题预审外，多数高校还建立了科研项目申请的查新制度。该制度不但克服了课题申报的盲目性，也会避免侵犯他人知识产权的风险。通过查新，可以了解国内外同类研究动向，少走弯路，避免技术创新项目的重复研究。

3. 科技查新为科研成果的鉴定和评审及推广应用等提供客观依据

虽然成果转化受限于太多的外在因素，不是高校科研工作的主要内容，但是科研成果的鉴定、评审奖励等可以促进成果的市场转化。前提是鉴定评审奖励结果要科学客观，只有依据客观的查新结果报告，才能保证此项工作的权威性和科学性。

（二）高校科研与原创性选题的关系

确立一个具有原创性的科研选题受到多方面的影响，如国家的目标与发展战略、科学积累（科学能力、科学传统、学术思想等）、研究者自身的条件与能力、敢于冒险和勇于创新的思想意识，以及勇攀学术高峰的意志和品质等。除此之外，还有一个重要的深层次制约因素，即科研管理模式。科研管理模式体现着科技管理者的政策导向，从宏观规范层面向科研选题设计者传达科研价值取向的制度化信息。

中科院院士邹承鲁认为，提出一个好的科研选题必须遵循"重要性、可能性、现实性"三个原则：第一，要考虑课题的重要性，特别是创新性，创新性首先应该体现在科学思想上，其次是研究方法上；第二，要着重考虑是否与现有的知识相矛盾以及获得有意义结果的可能性；第三，需要有一个既现实可行，又能取得成功的具体研究方案。

原始性创新研究选题，属于科研选题。需要突出强调的，首先是创造性。创造性是原创性科研选题的关键所在。创造性原则是科学研究的灵魂。原创性科研选题的创新性要立足于两个方面。①理论上的创新。要清楚选题本身所蕴含的新颖的实质内容，站在学科发展的前沿，研究别人未做过的工作，基础理论研究重在理论上的创新、研究思想上的创新。②方法上的创新。要在研究方法和研究手段上取得突破，善于运用新方法、新手段进行研究。

其次是需要辩证地理解效益性。效益包括社会效益、经济效益，现实效益、潜在效益，长期效益、短期效益，直接效益、间接效益等。在选择原创性课题时应辩证地加以考证。许多原创性课题的研究成果实现产业化后，可以获得比一般科研课题更为显著的经济效益和社会效益；有些原创性课题则不能得到及时推广，但具有一定的潜在效益，这类课题的成果往往可以作为战略性储备；有些原创性研究课题，尽管经济效益不是很好，但是社会效益非常显著，也应引起研究人员的重视。

原创性选题首先可以在基础研究和应用基础研究中大量出现，因为在探索未知的过程中，可充分发挥主观能动性，冲破观念禁锢，经过科学验证后形成原创性成果。其次，也可在技术发展，特别是高新技术发展中出现，因为高新技术的"高新"属性本身就要求科学研究活动具有原创性。对于具有重大战略意义的、追踪国际前沿和尖端性水平的科学研究，在未掌握其关键知识和技术之前，也应视为原创性选题。

以制度体系表达的科研管理模式对原创性科研选题有直接的影响。科研管理模式的刚性越大，对原创性科研选题的限制就越大；科研管理模式的柔性越大，原创性科研选题的空间就越大。目前的科研管理模式中，技术研究管理的生产性特征比较明显，刚性比较强，倾向于对研究活动共性因素的控制，基本不容忍失败或偏差。这种情况对原创性科研选题是不利的。

（三）高校科研与学科建设的依存关系

学科是凝聚学术力量，培养人才，进行知识创新，开展国际合作交流，进行社会服务的依托。学科的结构与水平关系到科研创新和人才培养的水平，进而关系到高校"教学—科研—社会服务"整体功能的发挥，是学校综合实力的体现。学科建设是高校建设和持续发展的核心，是提高教学、科研及社会服务能力和水平的重要基础。学科建设的主要内容包括学科方向的确立、学术队伍建设、研究基地建设、科学研究学术环境建设以及以科研项目为基础的持续发展能力建设。

1. 科研是学科发展的动力需求

教育部部长曾强调，高校的发展特别是其科研工作，应该坚持"顶天立地"的方向。所谓"顶天"，就是重视现代科学技术前沿研究，围绕国家战略需求，创造出国际水平成果；"立地"就是要重视面向国民经济和社会发展的主战场，切实解决发展实践中大量的科技问题。高等教育机会增多、受教育者分布广泛及较为开放的招生制度等，标志着我国高等教育的发展已由英才教育阶段过渡到大众化发展阶段。中外高等教育发展的历史表明：高等教育发展到大众化阶段，一方面表现为学校数量增多，另一方面表现为高等教育种类、层次、形式多样化，如美国有研究型大学、社区学院等。对我国而言，到达这一阶段，客观要求高等教育应当有一批高水平的研究型大学。重视科研工作，建设一批具有国际水平和竞争力的研究型大学，既是高校学科发展的内在动力需要，也是国家经济与科技发展的外在动力需求。

2. 科研与教学是学科建设的先导

科研是推动学科建设和发展的最活跃的因素，高校科研活动和学科建设相互促进，相辅相成。科研活动及其成果促进了学科建设质量的提升；学科建设质量的提升又为科研活动下一轮的发展提供了合理的知识、人才结构，为创造良好的科研环境并形成新的竞争能力打下了基础。人才培养是学科建设的关键环节。教学活动不再是机械地传播知识，而是知识创新的过程。教师通过科研发现新问题、新现象，及时将最新的知识传授给学生。将科研与教学有机地结合起来，正确处理科研与教学的关系，有利于提高教学质量。

3. 科研项目是学科建设的载体

项目是学科的发展空间，为不同学科研究人员的学科交叉和渗透创造了合作平台。没有科研项目及课题作为依托，学科建设便成为无本之木。科研项目是培养人才和取得高水平科研成果的基础。通过科研项目，可以将人才培养、学科建设、基地建设凝聚起来，形成良好的科研支撑体系，为提升学术水平、人才质量，促进学科团队的形成，提高科研成果转化速度和效率，产生较大的社会效益和经济效益奠定基础。因而，没有与科研项目结合在一起的人才，学科建设也会成为无源之水。

二、高校科研群体管理体制创新分析

近代以来，随着科学技术和工业的迅速发展，科学研究中大致出现了以下四种不同的科研模式：①以个人为单位的手工业式科研模式（个体式的研究）；②以小组为单位的小规模科研模式（小科学的研究）；③多个小组或单位合作形成的大规模科研模式（大科学的研究）；④一个或多个国家合作形成的超大规模科研模式（超大科学的研究）。当代科学综合化趋势的加强，使长期以来行之有效的单科独进的研究方式已经难以适应当代科学发展的实际需要。第二种和第三种科研模式在当代科学研究活动中已经变得十分普遍。如果说以往的科学研究活动主要是科学家个人以自由方式进行的，那么现在则出现了多人合作，共同攻关的新局面。现代科学研究已经从个体研究阶段过渡到了群体研究阶段，形成了科学联盟发展趋势。

当代科研模式的这种发展趋势，孵化了一大批致力于科技项目攻关的科学研究团队，即所谓的"科研群体"。"科研群体"是科研管理的一个重要对象。国内学术界是以"科研群体"为对象进行研究的，具有如下两个显著特征。第一，涉及的科技组织十分广泛，尚无统一的对象定位。从称谓来看，就有诸多概念。如"科技共同体""学派""科技人才群落""科学家社会集团""科技集团""科技群体""学科组""课题组""科技团体""学术流派""科研所""科研群体""科技学术团体"等，这些"科研群体"在范围上广狭不一，其组织形式不论是外在范围，还是内在结构，都有较大差异。第二，从研究的视角来看，其共同的特点是研究"科研群体"的成因、结构、社会功能、社会地位及其影响等，鲜有对其管理模式做出探讨的。

（一）高校科研群体组织形式的确定

组织是一个配置其成员工作、资源、利益和责任并使成员实现其目标的载体。现代科学研究活动大都是在组织这个平台上展开的，科技人才也是在这个载体中发挥才干的。科学研究组织对于科技活动的开展具有十分重要的规定性，具有约束作用和促进作用。

传统直线制组织结构所强调的理性、权威、服从和统一限制了员工的创新精神，阻碍了创新的产生和发展。建立跨部门、跨职能和跨学科，强调学习、合作、关心及其相互信任的动态协作团队是鼓励、激发创新的组织条件。我们认为在科研群体中应该采用扁平化的组织形式，此组织形式的优势在于各工作小组只与核心小组进行沟通。这样既减少了群体内部的沟通次数，又降低了群体的复杂程度；既具有灵活性又便于控制；既具有网络组织的优点，又具备层级结构的特色。群体是由核心小组与工作小组组成的，核心小组是群体的管理者、沟通者，工作小组主要执行科研项目的研究开发任务，即负责项目模块的开发。

（二）高校科研群体负责人的选择

科研群体要想做出一流的业绩，不能苛求这个群体全是一流人才，但这个群体一定需要一两个核心人物（即科研群体负责人）的领导。科研群体负责人的选择应当综合考虑以下标准：负责人必须在国内外享有一定的学术权威，善于正确把握科学的发展阶段和发展方向；负责人能引导群体内的科研人员进入学科的最前沿，并能迅速、有效地积累他们的学术优势。科研群体负责人是影响一个国家基础研究队伍整体实力的重要因素，他们本身的学术水平决定了创

新群体在国际科技竞争中的位置，更重要的是他们所创造的学术传统能影响和培养未来杰出的科学家，从而形成以核心人物为中心的科学家人才"链"。此外，科研群体负责人的精力、体魄、个性、人际关系和人格魅力都起着一定的作用，因为这些因素对于团结所有人员是很重要的。

1. 强化工作本身的激励作用

根据麦格雷格的人性假设理论，人的本性是乐于从事有意义的工作的，好的工作形式能够像玩游戏那样吸引人，通过工作活动，人们可以获得多种形式的激励。科研工作就是具有较高内在激励作用的一类工作。日本学者杉田清曾提出从事研发工作的七大乐趣：学习的乐趣、创造的乐趣、预测的乐趣、发现的乐趣、出乎意料的乐趣、获取成就的乐趣与同仁相知的乐趣。确实，许多人对研发工作的投入完全是受其工作本身吸引力的激励。作为科研群体的激励活动，应认真了解每个群体成员的个人才能与专长，使每个人都能从事自己所感兴趣的工作，并能在工作中充分展示自我才能。

2. 准确的绩效评估与奖赏

科学准确地考评科研群体成员的工作绩效是十分重要的，对群体成员的工作努力程度有着直接影响。由于科研群体的工作性质，科研群体中的绩效评估要比通常工作活动的绩效评估更为困难，而那些缺乏公正性的、不准确的、随意性的绩效评估将给群体带来无穷后患。准确的绩效评估可在以下几个方面起到激励团队成员的作用：绩效结果反馈后所产生的工作改进提高的欲望；对工作中存在的差距与不足有了更加清楚的了解，从而有针对性地做出进一步的改进提高。对科研群体成员的合理奖赏也是重要的激励因素。有效的奖赏有两个要点：①奖赏应该和群体成员的工作绩效紧密挂钩；②奖赏应该公平公正，符合群体成员的自我愿望。一般来讲，符合这两条原则的奖赏将会产生最好的激励作用。科研群体中的奖赏大体可分成物质的与精神的两大类。物质类的奖励主要有奖金、高价值奖品与各类免费福利等，从而使其获取实际的经济利益。精神类的奖励有授予各种头衔和荣誉，在一定范围内的表扬，公司事迹录中的留名等，从而使其感受到社会与组织的一种尊敬。另外，还有一类兼有精神与物质作用，受到群体成员极大重视的奖赏，即职位的晋升，更大的工作权限授予，组织中高层次事务的参与与决定权。这类奖赏对科研群体成员具有较强的激励作用，但由于组织中的职位有限，许多组织往往吝于使用。对此，可以考虑采用的一种方法是对组织中的职称级位进行分层细化，从而得以更加方便地使用这一激励手段。国外一些优秀企业中的职工可以自由地为自己负责的业务设置头衔，"自由职衔制"也是值得我们考虑的一种有效做法。

（三）高校科研群体的创新管理体制

1. 创新性科研群体的组建方式应是"课题制"

"课题制"是指按照公平竞争、择优支持的原则，确立科学研究课题，并以课题为中心，以群体为基本活动单位进行课题组织、管理和研究的一种管理制度。在这种制度下，允许跨组织、跨部门、跨学科、跨专业的教研人员自由组建群体；群体以课题负责人为核心进行各项科研创新活动，在群体中，人力可以自由调配，科研资源可以充分共享。这种制度不同于"学校—院系—教研室"的管理体制。

2. 创新性科研群体的人员管理具有较高的流动性

创新性科研群体具有明确的生命周期，因科研任务存在而组建，随科研任务结束而解散。创新性科研群体应由技能互补、知识互补的科研人员组成。对于某个独立的科研组织而言，不可能拥有完成每项重大科研任务所需的所有资源，尤其是智力资源。在应对重大科研攻关课题项目时，迫切需要跨学科、跨部门、跨组织的相关领域的科研人员共同协作来开展研究。在人事管理中，应采取"不求所有，但求所用"和"人才柔性引进"以及校内师资共享等模式。群体成员的人事关系不隶属于包容系统，采用兼职聘用的方式。专兼职教师并用是国外大学的通行做法，美国、日本等国家中，部分时间制教师一般占到教师总数的 30% ～ 40%。这种用人机制使得创新性科研群体的运作与管理具有较高的灵活性，提高了用人效率，降低了科研成本，更有利于改善科研队伍的学科结构，容易激发创造性思维的火花，进而取得原创性科研成果。

3. 创新性科研群体应努力创建宽松自由的学术氛围

创新性科研群体的文化建设是关系到群体长远发展的基础性问题。群体成员创造力的产生，需要民主的学术氛围、宽松的学术环境、和谐的人际关系，以及能不断激发新思想新观念产生的学术交锋和头脑风暴。创新性科研群体需要德高望重、甘于奉献的学术带头人，以其优秀的学术品质、卓越的组织能力、民主的工作作风和人格魅力去赢得群体成员的信任，增强群体的凝聚力。同时，在运作过程中，应赋予学术带头人更多的人事资源自主支配权。在群体内部成员之间，要加强沟通，使成员更明确群体的整体目标；完善群体成员的绩效考核制度，根据成员承担科研任务的数量和质量以及产出科研成果的情况，进行相应的物质分配，以激励成员取得高质量的科研成果，切实提高科研群体的整体水平。

第六章　现代高校财务管理探析

我国教育体制改革的推进及互联网、大数据等信息技术的快速发展，为我国高校财务管理工作提供了良好的机遇，但同时也带来了挑战，亟待我国高校构建财务管理服务体系，以推动高校财务管理健康、有序发展。本章分为高校财务管理的环境与目标、高校财务管理的基本理论、高校财务管理工作改进的对象三部分，主要内容包括高校财务管理的环境、高校财务管理的目标、委托代理理论、权变理论、集权和分权理论、管理幅度理论等方面。

第一节　高校财务管理的环境与目标

一、高校财务管理的环境

高等学校是实施高等教育的机构，是培养具有创新精神和实践能力的高级专门人才的场所。《中华人民共和国高等教育法》已对高校的设立、组织、功能做了明确的规定。

从高校的设立和管理体制看，高等学校是被赋予了各种社会、政治和行政功能的教育机构。高校财务管理是在高校特定的政治、经济环境中进行的，高校财务管理的环境由外部的大环境和内部的小环境构成。高校财务管理受行政和政治因素的影响，并非纯粹的经济管理，高校财务管理的效果是经济、政治和管理人员职业素质等因素共同作用的结果。高校财务虽然不像企业那样存在"内部人"控制问题，但行政因素的影响也会导致"经济权人"偏离正常的经济轨道，因此，管理人员的职业素质在高校财务管理中是最重要的因素。高校处于特殊的经济、政治环境中，在按照经济规律管理高校财务的同时，要兼顾政府行政管理的要求，兼顾教育的社会功能。

二、高校财务管理的目标

高校财务管理目标是高校在财务管理活动中所要达到的目的，明确高校财务管理的目标是做好高校财务管理工作的前提。

高校财务管理目标具有自身的独特性，它不是一个独立存在的目标，而是在财务方面的具体管理目标。因此，高校财务管理目标不是一成不变的，而会随着高校发展目标的变化而变化，但基本的管理目标是确定的。高校是公益性的教育事业单位，服务于国家的经济社会发展，提供教育准公共产品，根据高校的特点，高校财务管理的目标包括以下几个方面。

（一）基本目标

建立运行有序、管理有效的财务管理和控制系统是高校财务管理的基本目标。建立健全内部管理制度，采取有效的控制措施是做好高校财务管理工作的前提，一个运行有效的高校财务管理系统是高校正常运转的保障。如果财务管理一片混乱，实现财务管理的其他目标就无从谈起，高校的正常运转也会因此受到影响，所以建立运行有效的财务管理系统是高校财务管理的基本目标。

（二）主要目标

筹资最大化是高校财务管理的主要目标。筹资是通过各种渠道和方式筹措资金的财务管理活动，与"追求利润最大化"的企业财务管理目标不同，高校不是经营单位而是教育事业单位，"筹资最大化"才是高校财务管理的目标。高校的资金来源总的来说以政府投入、学费收入为主，以其他收入为辅。学费是政府审批的事业性收费项目，由高校收取用来补充教育经费的不足，是筹资的重要组成部分，但受学费标准和学生人数的限制。其他筹资项目如社会捐资助学等，其筹资的范围更为广泛。高校应该积极申请政府各项专项资金，以达到筹资最大化的目标。

（三）终极目标

资金使用效益最大化是高校财务管理的终极目标。如果资金使用不做效益评价，盲目或随意支付资金将导致资金的大量浪费，那么筹资再多也是无济于事的。资金使用首先要保障高校的正常运转，其次要服务于高校发展大局，将资金重点投放到学校优先发展的项目上，同时必须进行资金使用效益评价，投一个项目成功一个项目，才能实现资金使用效益最大化的目标。

第二节　高校财务管理的基本理论

一、委托代理理论

（一）委托代理理论的起源

委托代理理论是制度经济学的重要理论之一，它是 20 世纪 60 年代末 70 年代初因一些经济学家深入研究企业内部信息不对称和激励问题而发展起来的，被广泛地应用于企业分析，但是现在正逐渐地被应用于社会科学的各个领域。委托代理理论的中心任务是研究在利益相冲突和信息不对称的环境下，委托人如何设计最优契约以激励代理人。

从思想渊源上看，委托代理理论最早可以追溯到亚当·斯密时代。他在《国富论》一书中认为，股份公司中的经理人，使用的是他人而不是自己的财富，不可能期望他们像公司合伙人那样自觉地去管理企业。因此，在这些企业的经营管理中或多或少地会出现疏忽大意和奢侈浪费的行为。这实际上已经涉及了代理问题，揭示出经理人员与投资者之间潜在利益的不一致性。到了 20 世纪初，伴随着规模巨大的开放型公司大量出现，委托代理问题变得更加突出，所以伯利和米恩斯在《现代公司与私有财产》一书中写道，管理者权力的增大有损害资本所有者利益的危险。他们认为，由于发生了所有权与控制权的持续分离，管理者可能会对公司进行掠夺。从此，许多经济学家开始研究委托人如何才能有效地控制和监督代理人即经理人员的行为问题。

（二）委托代理理论的基本观点

委托代理问题存在的根本原因是信息的不对称。委托代理关系是伴随着经济发展和专业化分工而产生的一种契约关系。如果这种契约关系满足两个条件，即委托人和代理人共同分担公司经营的风险和不存在隐藏信息，那么这一契约将会是最优契约，也就不会产生代理问题。但现实情况是，委托人和代理人之间的目标函数不同，再加上非对称信息的存在，往往使最优契约条件无法满足，从而产生代理问题，即委托人承担了代理人行为产生的全部风险。

在信息对称的情况下，代理人的行为可以清楚地被委托人观测到，因此代理人可以预见到委托人将会依据观测结果对其实行奖惩，所以会约束自己的行为，因而不会产生代理问题。但是在信息不对称的情况下，委托人不能凭代理人的行为对代理人进行评价，因为委托人观测到的只是代理人的行为变量，而这些变量掺杂了代理人的自身行动和代理人外部的随机因素，导致委托人无法恰当区分代理人行为是由于其自身原因产生的，还是由外部因素影响而产生的。于是，委托人只能通过激励合同的设计来实现自己的预期期望。

一般认为，公司内部存在的委托代理关系是约瑟夫·斯蒂格利茨所说的股东（所有者、委托人）与经理层（经营者、代理人）之间的关系，但其实委托代理关系存在于每一个管理层级，公司实际上是多重委托代理关系的集合体。为了降低代理成本，委托人将会采取必要的监督和保证措施，比如审计、规范控制系统、预算限制和激励制度等。

（三）委托代理理论与高校财务管理

在我国高校的管理中存在着两组相互联系的委托代理关系：一是上级主管部门与高校之间，在高校与上级主管部门之间由于信息不对称，高校的利益随着改革的进行产生了独立的利益，高校作为上级主管部门的代理人与上级主管部门的利益不一致；二是高校内部上级与下级之间存在委托代理关系，学校是委托人，二级单位是代理人。因此，我国高校财务管理体制改革的核心是，一方面要使高校管理者以最大的自主权管理好高校，另一方面又要保证国家的利益，对高校管理者进行有效的监督和约束。

因此，在高校财务管理中要建立健全有效的激励约束机制。要坚持权、责、利相统一的原则，最大限度地调动代理人的积极性，在发挥其主观能动性的同时又要保证其行为目标与委托人的要求相一致，避免和消除代理人利用职权和信息优势谋取私利。

高校的薪酬激励机制由固定工资、奖金、岗位津贴等组成。固定工资作为较为稳定可靠的收入，起到了基本的保障作用，满足了高校工作人员规避风险的愿望和要求，但固定工资所起的激励作用较弱。奖金有一定的风险，它与代理人的"德、能、勤、绩"相联系，有较强的激励作用，但易导致短期行为。岗位津贴若能配之以合理的考核，能结合固定工资与奖金的优点，就能更好地发挥激励的作用。

现代公司制企业中，通常建立由股东大会、董事会、经理人员和监事会构成的权力相互分离和制衡的机制。这种机制体现了所有者及其他利益相关者对高层经理人员的要求，形成了高层经理人员的组织监督约束机制，这种约束既表现为诸如《中华人民共和国公司法》之类的法律约束，也表现为公司章程、内部管理制度等的管理约束。与此相类似，高校管理体制的创新必须逐步建立起较为完备的内部监督约束机制，通过教育立法和建立完善且可行的规章制度管理条例，在上级政府与高校之间、高校内部各职能部门之间、各职能部门与教职工之间建立起权力相互分离又相互制衡的监督约束机制。

二、权变理论

（一）权变理论的含义

权变理论是 20 世纪 60 年代末 70 年代初在经验主义学派基础上进一步发展起来的管理理论，是西方组织行为学中以具体情况及具体对策的应变思想为基础形成的一种管理理论。

权变理论的兴起有其深刻的历史背景：20 世纪 70 年代，美国社会经济动荡不安，政治骚动达到空前的程度，石油危机对西方社会产生了深远的影响，企业所处的环境很不确定。以往的管理理论，如科学管理理论、行为科学理论等，主要侧重研究加强企业内部组织的管理，并且这些理论大多都在追求普遍适用的、最合理的模式与原则；当企业面临瞬息万变的外部环境时，这些理论却显得无能为力。正是在这种情况下，人们不再相信存在一套最佳的管理方式，而是必须因地制宜地处理各种管理问题。于是形成一种管理取决于所处环境状况的理论，即权变理论。它在美国一兴起，就受到了广泛的重视。

权变理论认为，每个组织的内在要素和外在条件都各不相同，因而在管理活动中不存在适用于任何情况的原则和方法，即在管理实践中要根据组织所处的环境和内部条件的发展变化随机应变，没有一成不变的、普遍适用的管理方法。

权变理论的核心是指世界上没有一成不变的管理模式。管理与其说是一门理论，不如说是一门实操性非常强的技术；与其说是一门科学，不如说是一门艺术。权变管理能体现出艺术的成分。一名高明的领导者应是一个善于应变的人，即根据环境的不同及时变换自己的领导方式。权变理论告诉管理者应不断地调整自己使自己不失时机地适应外界的变化，或把自己放到一个适应自己的环境中。

作为一种行为理论，权变理论认为根本没有所谓的最好的办法去组织企业、领导团队或者制订决策。组织形式或领导风格在某种情况下效果卓著，然而换一种情况可能就不会那么成功。换句话说，这种组织形式或领导风格依赖于组织内部的或外部的因素。

（二）权变理论与高校财务管理

联合国教科文组织在 1998 年的世界教育报告中指出："当今世界是一个

全面变革的世界，以知识为基础的社会正在形成。"高校的管理是一个系统工程，在这个系统中，管理的对象在不断变化，管理的理论和技术也在不断发展。这不仅仅指高校管理所遵循的教育学、教育管理学等理论在发展，而且指那些与高校管理理论有关的其他学科如系统论、控制论、信息论等理论也在不断地充实高校管理理论，同时信息技术的日新月异也对高校的管理方式方法产生了深远的影响。

权变理论的核心是实行动态管理，认为不存在一成不变的、适用于一切组织的最好的管理，强调用发展的眼光看待管理。在高校管理中，权变理论蕴含的动态精髓包括三个基本观点：管理无最佳模式，即对学校的组织和管理，不存在一种最好的通用办法；情景管理，即在一个特定的情景中，并不是所有的组织和管理的方法都是同样有效的，效率有赖于结构设计或方式是否适合一定的情景；具体问题具体分析，即组织设计和管理方式的选择必须建立在对情景中的重大事件进行细致分析的基础上。因此，在权变理论原则下，高校管理必须不断改革、创新，各项改革不仅应切合实际、适应社会的需要，而且要有灵活性，学校的目标、政策、计划、程序只有具有灵活性才能使改革顺利进行。同时还要有稳定性，改革要循序渐进，以保持组织和管理系统的稳定性，在动态中随机进行调整。

随着高等教育体制改革的不断深入，学校的投资主体已经从过去单一的财政拨款变成以国家投资为主的多元化投资主体，高等教育的本质属性也由过去的非营利性、公益性，延伸到了产业性。市场经济的确立，一方面为高校开辟了多元化筹资渠道，另一方面又使高校面临着高风险的复杂局面。高校的非营利性事业单位的这一性质决定了学校既不能全部依靠举债来发展，也不能过分扩张陷入破产，但同时也要面对规模发展与经费短缺的矛盾，高校在这种背景与局面下，应该建立一种合理的财务管理模式，以更有效地利用有限的资源。

三、集权和分权理论

（一）集权和分权理论的含义

西蒙认为一个组织中集权和分权的问题不能脱离决策过程而孤立存在，有关整个组织的决策必须是集权的，同时，由于一个组织内决策过程本身的性质，分权也是必需的。关于直线人员同参谋人员的关系问题，西蒙认为也应从决策过程的观点来看，但他不同意"只有直线指挥人员才有权做出决策"这一观点。

（二）集权和分权理论与高校财务管理

长期以来我国高校的财务管理实行的是集权制，财务的决策权集中在校级，学校把各项资金分类发给各学院，学院几乎没有灵活使用资金的权力。这不利于各学院办学的积极性，但过于下放权力又可能会导致各自为政，因此分权的前提是必须要接受学校的统一领导，即在严格执行学校统一的财政方针政策、财政收支计划和财务规章制度的基础上给学院以下几个方面的管理权：在学校统一的财务收支计划下，学院有权对学校下发的预算经费和分配的资源进行统筹安排和使用；在学校统一的财务规章制度下，学院有权制订财务规章制度的实施办法；在学校统一的财会业务领导下，学院有权管理本级会计事务。对于高校是采取统一领导、集中管理，还是统一领导、分级管理的财务体制，应与本校的性质、规模以及人力、财力、物力相适应，根据自身的财务状况形成适合自身的财务管理体制。

四、管理幅度理论

（一）管理幅度理论的含义

管理幅度是古典管理学派首先提出的。英国管理学家林达尔·厄威克在 20 世纪 30 年代系统总结了泰勒、法约尔、韦伯等古典管理学派代表人物的观点，归纳出组织管理工作的八项原则，其中之一就是"管理幅度原则"。他在这一原则上指出，管理幅度是有限的，还提出了普遍适用的数量界限，即一个上司直接领导的下属不应超过六个人。现代组织理论与设计吸收了各时期、各学派和各方面的研究成果，确立了关于管理幅度设计的科学指导思想。概括起来就是管理幅度是有限的；有效管理幅度不存在；一种普遍适用的固定的具体人数，它的大小取决于若干基本变量，也就是影响因素。其影响因素有管理者和被管理者的工作能力、工作内容和性质、工作条件、工作环境等。有效的管理幅度和管理层次取决于企业组织所处的状态和它们的影响因素；组织设计的任务就是找出限制管理幅度的影响因素，根据影响因素的大小，具体确定特定企业各级各类管理组织与人员的管理幅度。

（二）管理幅度理论与高校财务管理

管理幅度理论同样可以运用于高校领域，在高校管理体制改革之前，由于其功能不全，规模较小，人员少，管理比较容易，这时大多采用"统一领导、集中管理"的高度集权的管理体制。与此相适应，高校实行高度集中的财务管理体制，财务的所有权和使用权在校级部门。这种财务管理体制与当时高度集中的计划经济体制相适应，对于高校集中资源办大事，加强对下属单位的宏观调控起到了积极作用，促进了高校各项事业的发展。高校扩招以后，高校规模不断扩张，学院设置增多，校级机关面临的管理事务也更加复杂。在这种情况下，若学校仍事无巨细地来计划、领导、控制组织的一切事务，不仅客观条件不允许，而且效率也会非常低。这时出于加强管理的需要，高校必须调整管理幅度，增加管理层次，实现管理重心下移，使高校下属机构、学院成为具有财务、人事等各方面权力的实体单位。校院两级财务管理改革的目的，从根本上来说就是在学校和学院之间分配财权，一方面有利于加强高校对学院的调控，另一方面使学院成为自主理财实体，增强其理财的积极性和创造性，从而实现"宏观调控，微观搞活"，提高学校资金的使用效率。这一切都要借助于高校内部组织结构的重新设计和内部功能的重新划分，变集中管理为分权管理。

第三节　高校财务管理工作改进的对策

一、高校财务管理改革的方向

（一）高校财务管理亟须变革

随着知识经济时代的到来，随着教育体制改革的不断深入，高校经费来源逐渐多元化，经济关系比以往更复杂，学校经济活动与社会经济活动的联系更加紧密。在这种形势下，应顺应知识经济的发展规律，与国际会计准则逐步接轨，抓紧进行高校的财务管理改革。

（二）高校财务管理改革的方向

1.增强办学经济实力

高校办学一向依靠政府拨款，拨款越多实力越强，因而把过多的精力放在了跑主管部门、争项目、争资金上，往往忽略了自身的筹集资金的能力。若从市场经济的观点看，高校在增强办学实力方面具有相当可观的潜力。衡量一所学校办学的经济实力强不强，关键要看：①随着国家经济的崛起，高校是否拥有比较充足的维持正常运转的经费；②是否拥有丰富的教育资源，教育手段、科研设施能否不断更新，校园育人环境是否优美；③学校办学自主权是否不断扩大；④各类人才是否进得来留得住，各类人员继续教育的环境是否宽松；

⑤教职工工资性支出是否有保障，且生活福利待遇是否逐年提高等。

究竟如何才能增强办学经济实力，一方面可以借鉴国外的经验，另一方面可以开拓创新，学校的重点应放在以下几个方面：首先，使自己的学校拥有更多的优秀师资人才、管理人才和在社会上享有一定威望的人士，以提高和扩大学校的知名度，知名度越高，吸纳资金的可能性就越大；其次，更充分地展示领导层的领导艺术和交际能力；最后，要在更大程度上提高有形资产和无形资产的有效利用率，全面展开符合经济法规的有偿服务。

2. 稳定和新增筹集资金的渠道

目前，我国高校办学资金的主要来源是财政补助收入，即财政拨款，这部分收入占高校整个收入的 60% ~ 80%。同时，国家还容许高校依法多渠道筹集办学资金。近几年来，各高校在多渠道筹措办学资金方面，采取了多种形式，灵活机动地利用各种政策取得了一定的资金，有些学校的自筹资金总额已占到本校总收入的 50%，现阶段学校由于受体制、地域、地位和名誉的种种影响，筹措资金还存在很大的局限性，各校之间的发展很不平衡，预计以后筹集资金的发展趋势将朝着下面几个方向发展：①办学单位向社会和受教育者逐步收回部分和全部办学成本；②向知名企业家、社会上热爱教育的人士募捐；③面向社会、面向市场，积极吸纳各种不同类型的教学、科研赞助资金和协助资金；④加大对无形资产的保护和利用；⑤培养和发展有教育特色的重点企业和龙头产品，将校办企业强劲的经济实力，作为补充教育事业经费的重要来源。

3. 从观念和模式上改变财务运作方式

目前各高校受环境和体制的影响，财务运作方式改革的力度还不够，在观念上消费型还占主导地位，在管理模式上被动理财的局面还没有完全扭转。从表面上看，高校财务运作仍保持着计划经济体制下的财务运作方式，存在着被动消极的思想，缺乏竞争意识，缺乏进入市场的意识，缺乏整体办学意识。从实质上看，高校内部的体制改革严重滞后，财务管理和财务收支预算还相当被动，因此，要改革传统的财务运作方式，应做好以下几点：①在资金运作上引入资本化方式，注重资金增值，实施科学的成本核算，以低投入高效益为中心，充分提高办学效益；②从管理体制上，减少和杜绝资源流失，重在资产保值增值，实现资源优化配置，资源共享；③在全校范围内建立财务管理激励机制和监督约束机制；④以自筹资金为主要收入，挖掘创收潜力，建立新型的分配管理体制，如逐步改善"诸侯经济"状况，逐步实行"分级收入"制度等，培植学校稳定的资金来源渠道。

4.会计基础工作规范化管理要进一步丰富内涵和拓展外延

随着高校改革的逐步深入和学校法人自主地位的体现，会计事务显得日益复杂化、多元化和综合化，会计信息的处理量急剧增加。因此，今后会计基础工作规范化管理须进一步丰富内涵和拓展外延。首先，应不断丰富会计基础工作规范化管理的内涵。财务部门应管理好原始凭证、记账凭证和账簿报表，建立内部牵制制度等，逐步使工作走上正轨。其次，应不断拓展会计基础工作规范化管理的外延，以优质服务促进全面实现会计基础工作规范化管理。最后，在机构设置、用人标准、政策规定、银行账户、发票收据、建账制度、牵制和回避制度等方面要加强管理。

二、高校财务管理工作改进的对策

（一）加强高校财务环境建设

高校财务环境主要包括高校财务管理体制、高校财经工作的领导体制和多层次的经济责任制度、高校的管理制度环境、高校行政文化环境、高校文化状况、财务管理人员素质、财务管理流程和管理手段的现代化等。加强高校财务环境建设，有助于正确认识各种环境因素的实质及其相互联系；加强高校财务环境建设，可以使我们在正确认识环境的基础上，考虑财务环境向财务规律提出的各种要求和提供的各种条件；加强高校财务环境建设，能够弄清各种因素的实质，为财务规律职能的实施提供保障，有助于制订科学的决策和实施办法，促进财务管理活动顺利开展。

高校财务环境建设，以实现财务环境系统的相对最优化，即财务外部环境和财务内部环境的相对最优化为目标。

1.财务外部环境建设的目标

①政治与法制环境建设的目标，即扩大社会主义民主，健全社会主义法制。这一目标的确立有助于增强国家和高校的活力，保持和发挥社会主义制度的特点和优势。

②经济环境的目标，即建设中国特色社会主义市场经济。应坚持和完善以社会主义公有制为主体、多种所有制经济共同发展的基本经济制度；坚持和完善社会主义市场经济体制，使市场在国家宏观调控下对资源配置起基础性作用；坚持和完善以按劳分配为主体的多种分配方式；坚持和完善对外开放，积极参与国际经济合作与竞争。

③文化建设的目标，即建设中国特色社会主义文化，即以马克思主义、毛

泽东思想、邓小平理论、"三个代表"重要思想、科学发展观、习近平新时代中国特色社会主义思想为指导，发展面向现代化、面向世界、面向未来的，民族的、科学的、大众的社会主义文化，建设立足中国现实，继承历史优秀文化传统，吸取外国文化有益成果的社会主义精神文明。

2. 财务内部环境建设的目标

①确立适合高校自身实际的财务管理体制。

②建立完善的以校（院）长负责制为中心的各级各种经济责任制度和在校（院）长领导下，由总会计师协助校（院）长全面领导学校财务工作的财经工作领导体制。

③建立统一管理学校各项财务工作的校一级财务机制，即单独设置财务处（室），统一财务事权，领导学校的财会工作。

④建立健全学校内部财务规章制度。学校内部财务规章制度建设要坚持合法，即符合国家的相关法规；合理，即内部规章制度要在总结客观事物内在规律的基础上制订，并能促进教育事业的健康发展；合规，即内部规章制度建设要按典章形成的操作规则进行；协调，即内部规章制度之间要协调，不能相互矛盾。学校内部规章制度包括筹资制度、预决算制度、收支管理制度、基金管理制度、资产管理制度等。

⑤建设优化的内部经济环境。高校内部经济环境建设，还包括筹资环境、预算环境、组织环境等，其中组织环境建设的基本要求是明确学校权力机构、监督机构、执行机构的职权，并相互制约。

⑥建设高度文明的校园文化环境。

⑦建设优良的高校行政文化环境。行政文化，是相对于大文化，即社会文化而存在的一种亚文化，是社会文化在对行政组织进行渗透过程中与行政管理相结合的产物，是行政组织群体的心理状态、价值观念、行为方式和管理方法的总和。

3. 高校财务环境建设的措施

①首先，应加强对高校财务管理理论的研究。建设高校财务环境，是一个艰巨的系统工程，财务管理理论研究工作必须先行，以为财务环境建设提供理论准备。

②提高财务管理人员的整体素质。高校财务工作实行校（院）长负责制，高校的校（院）长必须要坚持原则，还应熟悉经济规律，会管理。财务管理人员队伍建设以选配好总会计师，校一、二级财务机构负责人为重点。财务管理

人员素质包括思想道德、科学文化、心理、身体等方面，这些都要在财务管理的实践中培养，并结合实际情况，根据知识更新和事业发展的需要，有计划地对财务管理人员进行专业知识、技能的培训，执行对财会人员实行继续教育的有关规定，为财务管理人员队伍整体素质的提高提供保障。

③财务环境建设应结合岗位责任制进行，根据财务环境因素列出详细条款，作为相关岗位责任制的内容，与各级负责人的业绩考核相结合，把财务环境建设工作纳入学校各级组织的工作日程，从小到大，由内到外，营造学校内部的小环境。

④加快财务管理手段的现代化建设，为财务环境建设提供物质保证。随着经济的发展，财务管理更需要现代化管理手段的支撑，包括现代化计算机技术、通信技术和自动化技术等。为适应新修订的《会计法》的要求和知识经济时代的需要，应加强高校财务网络的建设，实现网络版的财务管理工作，真正体现财务管理的实时性，这在处理年终分配、学生收费等手工操作十分繁杂的业务方面能够满足学校高速发展对财务信息的需求。

（二）设计有效的内部控制制度

内部控制制度是指财务管理主体为维护其资产的完整性，确保会计记录的正确性与可靠性以及对经济活动进行综合的计划、调整和评价而制订的制度、组织、方法和手续的总称。良好的高校内部控制制度，除了能起到查错防弊作用外，还能对财务管理信息系统起到保护作用，以防止高校内部财务管理信息系统运行不规则导致信息层断裂，信息空间无效。良好的内部控制制度能够强有力地配合计算机操作程序。

（三）以相关性原则管理资金

高校财务管理相关性原则是指高校资金运动每一阶段体现的特征要和此阶段资金内部性质互相联系。或者说，以资金为中介联结财务管理的主体与客体，理顺财务关系。以相关性为原则透视高校资金运动全过程，理顺高校内部、高校与外部的财务关系，就是在国家经济政策允许的范围内，根据实际情况，层层制定经济责任制，在符合学校整体利益的前提下，以学校整体为目标，试行下级机构占用资金支付占用费的办法，提高资金利用效率，提高学校整体的经济效益。

（四）自主权下放与财力集中相互协调

国家或国家授权的职能部门给了高校一定的自主权，减轻了国家的一些负担，激发了高校办学的积极性。高校应当灵活运用国家给予的权利，在国家允许的政策范围内，使各部门充满活力。与此相适应，高校财务部门应适当下放一些自主权，将学校总体目标，层层落实到相关的部门或个人。根据"兵马未动，粮草先行"的惯例，在财务管理上应针对学校整体可利用的资金，适当地让渡使用权，达到学校内部相关利益部门或个人责任与权利相结合。而对于超过常规的资金流动，应从数量上规定审批权限，竭力让资金按正常状态流动，保证财力的相对集中。但是有些资金使用者经常能化整为零，巧妙地绕过审批权限，从而导致财务管理上资金出现了异常流动而无法控制，财务管理的网状结构被捅出一个个权力真空，不得不用学校的总财力去弥补。针对此类情况，财务管理应设法"合零为整"，使之回到原来的审批权力范围内。

（五）运用谨慎性原则对外投资

高校利用闲置的资金对外投资，应坚持谨慎性原则。策略上应选择风险较低、利润相对较高的行业，数量上则应保持一定的资金储备额，量入为出。作为独立机构的高校，它与国家之间存在着资金拨入拨出、事业任务的承包出包等关系，与企业等其他单位亦存在协议关系。另外，高校发展受国家有关法律的保护，并享受优惠政策。高校应牢记自己的社会地位，时刻不忘对国家、对社会应尽的义务。当日常经济活动中出现了一些资金闲置，以致对外进行投资时，不能仅仅把目光对准那些投资报酬率高的项目，还应考虑如何有效地支援国家建设，如购买国家公债或国家金融机构债券等。这种做法，一方面能为国家的长治久安尽一份义务；另一方面也能取得稳定的资金报酬，维护学校整体利益。

（六）合理调节相关利益部门和个人收入

社会主义市场经济条件下，如何调节高校内部成员之间的收入，缩小贫富差别，成为财务管理的一项新任务。我国个人所得税法等一系列法规的颁布、实施，有效地扼制了个人收入不均的现象。个人的各项所得，在税率上适用超额累进税率，其合理性体现在绝对数上即个人所得越多，受个人支配的财富越多；体现在相对数上即逐渐增长的个人所得中，个人分得的比例逐渐减少，国家征税的比率逐渐增大。高校内部的成员每月收入中一部分是固定工资收入，另一部分是合法的对外劳务收入。这些对外劳务收入大部分纳入财务管理再分配的范围。所谓"比例分成"的分配方式是对分配系数加以固定化，亦称"直线法"。该法对个别的、少量的收入可以采用，这样可以节省再分配的时间。但是，如果对经常的、大量的收入采用"直线法"分成，将导致处于不利地位的竞争者其个人收入降低，参与竞争的困难增多；而处于有利地位的竞争者，其富裕程度之高则在学校决策层的意料之外。财务管理上可以借鉴税法中对个人所得征税的办法，对学校内部大部分可控收入进行计算、预测，并采用合理的"曲线法"确定个人、部门、学校三者的分成数额。这种做法使得利益相关部门或个人，在利益分配关系上取得了相对的平衡，既鼓励了在同一起点上竞争，又照顾到了处于不利地位的竞争者。随着个人、部门对外创收的增多，学校财力将逐渐增强，进而便可增加对因客观原因而创收状况不佳的部门的支持；同时也为在全校范围内改善办学条件、壮大科研力量、提高全体成员的福利待遇提供了资金保障。

（七）高校财务管理具体业务的完善

高校财务管理具体业务的完善是一个复杂的系统工程。它既有内部的也有外部的，既有政策体制上的，也有管理操作上的。

1. 统筹解决学校的问题

将一切可以又应该纳入社会统一解决的问题（社会保障、医疗改革、住房改革、后勤保障等）纳入社会统一解决。当然可以适当加以区别，但这种区别应该主要结合绩效并与教职工的报酬挂钩，变暗的统一的学校集体保障为明的个人工资收入的增加，逐步实现社会化。

2. 加强和完善财务归口管理的综合职能

各个高校的各种财务工作都应统一归口管理，不能政出多门，各自为政，应增强财务部门统一管理财务的权威性。这样既可以增强学校调控资金的能力，又可以统一考虑各个方面的平衡协调。当然，在坚持统一归口管理的同时，也应给各下属单位一定的管理权力，以调动他们的积极性。统一归口管理，主要是在制度、政策、标准上统一归口。

3. 加快建立科学的高校内部财务机构与运行机制

建立学校经济管理委员会，履行科学理财、民主监督职能。随着市场经济的进一步延伸和推进，高校的工作职能延伸与变化得很快，财务管理工作涉及的领域越来越广。因此，建立一个较精干的由各方面专家组成的学校经济管理委员会是高校财务工作发展的需要，也是科学决策、民主办学的需要。

按修订后的《会计法》和《总会计师条例》加快实施各高校的总会计师配置工作。总会计师的配置不是简单的职位安排的问题，它是关系到财务工作能否按法定要求相对独立地开展的问题。同时也涉及财务工作在学校的地位问题。

设置总会计师岗位有利于提高财务工作在学校各项管理中的地位，增强财务管理的科学性和减轻行政领导的部分负担，也有利于财务工作实施统一归口管理。

随着经费筹资渠道的多样化和学校功能的进一步拓展，学校财务部门这方面的工作亟须加强。要把资金筹集与投放有机地结合起来，要稳定或拓宽学校的筹资渠道，要把投资与收益结合起来，协调好理财、聚财、生财的统一辩证关系。

加强国有资产的管理力度，促使其保值增值。随着高校固定资产的增加，仪器设备更新周期加快，高校财务管理应步入科学、规范化轨道。要提高效益和集中财力，就必须坚决推行这一原则。从一定意义上说，高校资产的浪费与流失比流动资金的浪费更严重，因此须引起高度重视。

4.加快推行会计委派制

随着高校财务改革的进一步深化，高校由单纯的完全依靠国家财政拨款形式转为国家财政拨款、地方财政拨款和多渠道筹集资金的多元化格局。但随着改革的深化，一些问题应运而生，尤其是会计信息失真方面。为充分发挥会计监督职能，应加快推行实施会计委派制。

①实行会计委派制对加强学校的宏观调控，实现有效的财务监督起保障作用。近几年，学校在强调微观经济搞活，财权下放的同时，学校的总体利益和宏观控制在不同程度上受到侵害和削弱。一些单位隐瞒收入，私设小金库，或将应纳入学校账户核算的资金以各种名义和方式截留，划入个人账户或借他人账户自收自支，造成学校资产大量流失，财务管理失控。实行会计委派制后，会计人员代表学校利益，管理基层单位的财务并监督各项经济活动，保证实现利润的最大化，从而达到加强宏观控制和财务监督的目的，防止资金分散流失，提高资金使用效率。

②实行会计委派制对贯彻新修订的《会计法》，加强会计监督，提高会计信息的真实性和可靠性起保障作用。实行会计委派制后，会计人员与企业脱离隶属依附关系，会计人员能够独立正常行使会计监督职能。

③实行会计委派制对提高高校的凝聚力起促进作用。有效的会计监督必须遵守一定的原则，其中最重要的一条便是监督者必须独立于被监督者。近年来，会计人员在企业或公司中失去独立性，完全听从管理者摆布，企业内部出现"人控现象"，会计监督在企业中名存实亡。实行会计委派制后，会计人员与企业之间摆脱了依存关系、利益分配关系，从而有利于减少违法乱纪行为的发生。

④实行会计委派制对加强会计人员的统一管理，提高会计队伍的整体素质

起推动作用。会计工作水平的高低，取决于人员的素质。实行会计委派制有利于加强对会计人员的统一领导和管理。另外，要引入竞争机制，建立一套完善的培训和继续教育制度及措施，促使会计人员不断更新知识，加快提高财会队伍的政治素质和业务素质，推动财会工作向高层次发展。

总而言之，在知识经济大潮席卷而来的大形势下，加强高校的财务管理，是一项严肃而艰巨的任务。高校财务管理一方面涉及学校的教学、科研、后勤等各个环节，另一方面它是学校教学管理、科研管理、后勤管理等其他管理活动的基础之一。因而，强化高校财务管理十分必要，它能为学校的整个管理活动提供整体框架，为培养优秀人才创造良好条件，能不断促进高教事业的发展。

第七章 现代高校后勤管理探析

高校后勤服务保障工作是高校工作的重要组成部分，不但担负着"管理育人、服务育人、环境育人"的重要职责，同时还要为学校教学、科研以及师生的吃、住、行等方方面面提供重要的服务保障。随着社会的发展，高校也随之不断发展壮大，在教学、科研、生活等各方面对后勤工作提出了更高的要求，不再是以往简单的吃、住、行等方面的服务保障。本章分为高校后勤管理的历史沿革、高校后勤管理的基本理论、高校后勤管理队伍建设对策三部分，主要内容包括高校后勤管理学的内涵、高校后勤管理的原则、高校后勤管理的基本任务等方面。

第一节 高校后勤管理的历史沿革

一、从单纯的服务工作逐步发展为全方位的综合工作系统

从 20 世纪 50 年代到 60 年代上半期，同整个中国社会一样，我国高校广大师生员工具有强烈的责任感，大批工人农民及其子女的入校深造，给我国高校输入了新鲜血液，形成了追求理想、勤奋学习、遵守纪律、艰苦朴素的优良学风。思想政治工作的渠道主要是政治理论课，时事政策教育，党、团组织的思想政治教育。高校后勤管理的直接任务就是为教学、科研和师生员工的生活服务。当然，处在思想政治教育第二线的后勤部门，已不再是单纯的服务部门，而是集管理、服务、育人于一体的综合工作系统。特别是在实际工作中，它更具有直接育人的一面。

第一，重视政策育人。热情宣传党的有关政策，通过管理和服务直接体现党和政府对大学生的关怀。早在 1960 年，我国国民经济困难时期，党中央、国务院，以及教育、卫生部门曾五次发出通知，要求重视师生健康问题，并对

学生的睡眠时间、副食品供应等做了具体规定。近年来，无论市场物资供应、价格调整等情况如何变化，党中央、国务院和各级领导都一再强调并做出具体规定，要保证大学生的生活和健康不受影响。这些关怀，通过后勤部门与大学生的接触，宣传解释政策，沟通交流思想，并通过为学生的服务直接体现出来，极大地教育和鼓舞了广大青年学生。

第二，重视管理和服务过程中对大学生的直接教育。包括艰苦奋斗、勤俭节约的教育；热爱劳动、尊重劳动人民的教育；加强纪律、遵守制度的教育等。

第三，重视环境育人。努力改善物质生活条件，提供高效、优质的服务，创造优雅文明的学习、生活环境，潜移默化地影响学生。

第四，重视服务育人。坚持为教学、科研工作和广大教师服务，解除他们在工作和生活上的后顾之忧，保障他们专心致志地投入培育人才的活动，以此体现后勤工作的育人价值。

二、从以国家财政拨款为主逐步发展为多渠道筹措资金办学

建国初期，为了尽快建立新中国自己的高等教育，使其适应国家政治、经济、文化发展的需要，高等教育纳入了国家有计划按比例发展的轨道。高校的经费全部列入中央和地方政府的预算之中，实行"中央统一财政，三级管理"体制，国家在国民收入有限的情况下为教育事业投入了大量资金。

在长期的实践过程中，我国教育事业经费的管理体制经历过几次调整，如实行"条块"结合，以"块块"为主的管理体制，"带帽"下达，专款专用；"划分收支，分级包干"的新财政体制等。这些调整的共同特征仍然是以国家财政拨款为主，只是改进了经费的使用权限。虽然不同程度地改善了经费管理，但也逐渐暴露出这种"吃皇粮""铁饭碗"的经费管理体制的局限性。80年代以后，随着改革开放的深入，这种局限性显得格外突出，高校规模不断扩大，而国家教育经费却严重不足。为此，我国高校在逐步完善以国家财政拨款为主的前提下，开拓了筹措资金的新渠道，而且这种渠道日益增多，学校自筹经费的比重也日益提高，最高的已超过国家拨款（一般占国家财政拨款的10%～20%），从而逐步发展成多渠道筹措资金办学。

三、从封闭的自办后勤发展为与社会相结合的模式

长期以来，我国高校后勤逐步形成了以自办为主的自成体系的"小社会"，除了少量的项目（如房屋建筑、大型外科手术等）以外，一般的教学科研保障工作和生活服务，都由学校后勤直接承办，服务门类包括能源、交通、设备、

房产、维修、绿化、伙食、通信、文具、家具、医疗、卫生、招待、托幼等，其服务规模因学校的大小而有所不同，但大都独立于社会上同类的服务行业，按行政事业单位的方式管理，实际上承担了一部分社会职能。

形成这种格局有其客观需要与实际可能。首先，许多地方的第三产业无力顾及高校的各种服务，当地的政府又难以承担如此繁重的任务，即使在大、中城市里，社会也存在较大的供需矛盾，很少有余力保障高校的后勤服务。其次是原有的政策性保护措施。为了确保高校的发展，国家和各级地方政府无论是在对高校供应的能源、粮油、副食品等的数量、质量和价格上，还是在税收、服务上，都制定了相应的保护性政策，从而保证高校自办后勤服务项目逐步增加，质量日益提高。最后，国拨经费不足，自办后勤可减少支出。由于国家拨付的教育经费相对不足，高校自办后勤，可以使资金尽量在高校内部流通，减少商业性支出，发掘高校内部自己动手、艰苦奋斗、增收节支的潜力，从而提高资金利用率。几十年来，高校自办后勤为保障教学科研工作和师生员工的生活做出了重大贡献，减轻了对社会的压力。在特定的历史条件下，这种自办后勤的模式，也为国家节约了大量资金。

改革开放以来，我国国民经济总格局发生了重大变化，社会主义市场经济体制正在形成，第三产业普遍发展，供需矛盾逐步缓解。同时，随着高校教学科研水平和师生员工生活需求的不断提高，高校自办后勤力不从心，经费拮据的状况也日益严重。在导致自办后勤的社会原因尚未根本改变之前，自办为主的模式当然不可能完全改变。但是，在新形势下，必须逐步改革后勤管理模式，即一方面改善自身服务系统，确保服务质量；另一方面，要向服务社会化迈出步伐，扬长避短，利用社会可能提供的服务系统，为学校的教学、科研工作和师生生活服务，并利用后勤的力量为社会服务，增加收入，锻炼人才。这说明也有可能建立两者相结合的新型模式。近三十年的改革实践也为两者的结合提供了许多新的经验。

四、从福利性后勤逐步发展为福利性与有偿性相结合的服务形式

供给制和人民助学金制度是我国高校最早的福利性后勤保障形式。建国初期，高校招收工农学员，国家给予他们百分之百的人民助学金，生活服务采取优待、包干的办法；在教职员工中则实行供给制和实物工资制度，保障教职员工的基本生活。1955年起，人民助学金制度做了比例上的调整，供给制和实物工资制改为低薪制，福利性的后勤服务在此基础上日趋发展，并发挥着稳定师生生活的积极作用。特别是1978年以来，教育事业需要迅速发展，为了落实

知识分子政策和解除他们的后顾之忧，高校后勤服务范围日益扩大，服务项目日益增多，福利待遇日益提高，形成了我国高校后勤工作的一个重要特点。

但是，随着旧的经济体制逐步改革，福利性后勤服务的弊端也逐步暴露。首先，学生接受高等教育阶段的生活费用，无论是计划内的还是计划外的培养开支，都由国家负担；教职工免费分配住房等，造成教育经费急剧上升，不仅国力难以承受，而且也不合理。其次，在学校包下来的项目中，不讲究经济核算，不注意勤俭节约，如住房标准争大求好；医疗保健开支年年上升，使学校的包袱越来越重，有的已经压得难以正常运转。再次，不能满足不同层次的消费要求。改革开放后，师生生活水平显著提高，出现了多种层次的消费要求，而原有的后勤工作只能提供与福利性标准相适应的较低层次的服务。最后，没有充分利用社会第三产业为师生员工服务，学校的后勤服务负担越来越重，某种程度上，学校在办"小社会"。为了兴利除弊，我国高校后勤工作走上了福利性与有偿性服务相结合的新路。

五、从单纯的行政管理逐步发展成各个层面、各种手段相结合的管理体制

过去，高等学校从招生到下拨经费，完全纳入国民经济有计划按比例发展的轨道，由国家统包下来。后勤管理的纯行政手段，正是与这种计划管理体制相适应，它曾经为经济建设培养了大量人才，起过重要的作用。

党的十一届三中全会以后，经济体制、科技体制和教育体制改革迅猛发展，具有一定经济属性的高校后勤管理，首先受到改革浪潮的冲击，管理体制和运行机制已不能适应改革的发展，如强调统一管理、计划管理的同时，没有利用价值规律和经济杠杆作用，责、权、利相脱节；后勤人员受"铁饭碗""铁交椅""铁工资"保护，既没有风险，更没有竞争，师生的意见和批评不具约束力，服务对象缺乏民主参与的积极性和监督手段。

从1979年开始，后勤管理改革抓住管理体制和运行机制的根本环节，逐步建立了思想教育、行政管理、经济手段、民主参与相结合的管理体制，运用了企业管理的方法。一是建立了以岗位责任制为中心的各项管理制度，后勤工作从经验管理向科学管理转化，对后勤人员考核评估并实施奖惩有了依据。其内容包括岗位职责、工作质量与数量标准、职业道德规范、工作服务程序等，把思想教育和行政管理有机地结合起来。二是建立了以承包责任制为中心的各项经营管理制度，并逐步由单项承包向总务处全面承包发展。经济承包责任制的建立，初步解决了后勤吃学校"大锅饭"和单纯行政管理的问题，收到了良

好的社会效益和显著的经济效益，较成功地把经济手段用到了后勤管理上。三是建立了多种形式的民主参与管理制度。一方面充分调动后勤职工的积极性、主动性、创造性，激发和集中他们的智慧与力量，把思想工作的效果落在实处，使行政管理处于群众的共同监督之下；另一方面发挥了师生民主监督、民主参与的作用，通过各种形式加强后勤部门与师生之间的联系，使其彼此增加了解，使民主参与成为后勤管理的一个有机组成部分。四是加强思想政治教育，特别是发挥共产党员的先锋模范作用，在改革中，积极宣传党的路线、方针、政策，坚持个人利益服从集体和国家利益的原则，发扬吃苦在前、享受在后的优良传统，使后勤人员在改革中树立崭新的形象。

第二节　高校后勤管理的基本理论

一、高校后勤管理学的内涵

（一）高校后勤管理学定义分析

高校后勤管理学的研究对象是高校后勤这一特定领域，而高校后勤具有自己的内在规定性和运行规律。经济学、管理学、工程学和教育学等基础学科虽可以指导高校后勤这一特定领域的实践，但这种指导仅具有间接意义，因此有必要以高校后勤自身的实践为依据形成一门高校后勤管理学来直接指导该领域的工作。"高校后勤"并不是一个过渡性的概念，虽然我们正在大力推进高校后勤社会化改革，高校后勤可能最终不会有某一个特定的实体与之对应，但只要有高校存在，就必然有高校后勤管理。对于完全社会化、企业化的高校后勤服务实体，虽然在形式上它们和一般的企业没有区别，但是由于它们所服务的市场和顾客的特殊性，它们在管理上呈现出自身的特色。

高校后勤管理学是在现代经济学、管理学、工程学、教育学等学科基础上建立起来的一门综合性学科，这些基础学科都有庞大的理论体系，可以在思想、方法、知识等方面给高校后勤学提供依据、指导、借鉴和支撑。中外高校后勤管理丰富的实践经验，特别是 21 世纪以来后勤社会化的历程，为我们提供了充分的研究素材，可以供我们总结、归纳、提炼，形成成熟、完善、不断发展的理论体系；同时，实践还作为客观公正的"法官"，对我们研究成果的真伪进行检验、评判，使这门学科的真理性得到保证。一门学科的建立，总是以基础理论的突破为标志，就像没有牛顿力学三大规律就没有牛顿力学，没有质能方程就没有相对论一样。高校后勤管理学得以建立的最大理论突破是邓小平的社会主义市场经济理论，它使我们得以充分地认识到高校后勤的经济属性和教育属性，为高校后勤的社会化改革提供了理论依据，也为我们建立高校后勤管理学扫清了理论上的障碍，使我们可以不必为姓"社"、姓"资"而争论不休，更使我们可以大胆地运用社会主义市场经济的理论来指导高校后勤社会化改革以及开展对高校后勤管理学的研究。

当前学术研究和学科建设的一个大趋势是学科划分日益细化和各学科之间不断交叉融合，这一趋势反映了人类对于自然界和人类社会认识的日益深化。大的学科由于分、子学科的增加而形成庞大的体系，譬如大树，一级学科好比主干，主要反映对该领域研究对象共性的认识，是对该学科一般规律的总结；下面的二、三级学科则好比枝叶，越细分越偏向于反映对研究对象个性的认识，分别从不同的部分、不同的方面揭示研究对象运行的特殊规律。

"大树"越往"主干"上走，直接的应用价值就越差，而"枝叶"则很好地弥补了这一点。高校后勤管理学作为管理学的分支学科，揭示了高校后勤这一特殊领域的管理规律，丰富了管理学的学科大厦，提高了管理学解释世界的能力。目前的高校后勤社会化改革，其重点和难点集中于两个方面：一是比较宏观的高校后勤体制的构建；二是比较微观的后勤服务实体的内部管理。在这两个方面，高校后勤管理学都有很强的应用价值。

（二）高校后勤管理学的学科分析

高校后勤管理学是一门交叉学科和综合学科，高校后勤管理学是经济学、管理学、工程学、教育学等学科交叉融合而形成的。

从学科属性来看，高校后勤管理学只能是一门管理学而不能是其他的学科，否则必然"文不对题"。从知识体系构成来看，管理学的知识是高校后勤管理学的主体，高校后勤管理学主要是管理学在高校后勤领域内的应用和延伸。就学科发展的一般规律而言，综合性学科和交叉性学科一般都以一门学科为主体搭建起一个理论框架，然后用这个理论框架去整合其他学科的知识，从而形成一个合理的、严密的知识体系。高校后勤管理学以管理学的理论为框架，同时现代管理学的不断发展和广泛应用，可以为高校后勤管理学的发展提供源源不断的支持。

（三）高校后勤管理学的学科体系

与其他学科一样，高校后勤管理学也可以划分为理论与实务部分。我们把高校后勤管理学的知识体系划分为三个层次。第一层次是基本理论层次，主要探讨高校后勤的基本属性与特征、高校后勤管理的内涵与外延、管理目标、管理对象、管理职能、管理体制与模式、高校后勤管理的研究方法、高校后勤管理的国际比较研究等。第二层次是高校后勤管理的分支学科，是基本理论与实务之间的过渡地带，主要包括高校后勤宏观管理和高校后勤微观管理两个部分，前者主要研究政府对高校后勤的整体布局等内容，后者主要研究高校后勤战略管理、人力资源管理、营销管理、财务管理和物流管理等。第三个层次则主要是高校后勤管理的实务，主要包括学生公寓管理、食堂管理、商业管理、通讯管理、基建管理、绿化管理、医疗管理等。

高校后勤管理活动是在不同的层次上展开的。高校后勤管理按照层次一般划分为高层管理、中层管理和基层管理。高层管理是在组织的战略层次上展开的，其管理者主要负责组织战略的制定以及与外部环境进行联系，比如与政府主管部门、金融机构、学校有关行政部门等建立良好的关系，也就是说高层管理活动是组织的战略计划活动。

中层管理的目的是对企业的资源进行优化配置，以实现高层管理所制定的战略目标。中层管理者主要在其职责范围内执行计划并监督基层管理者完成计划。基层管理活动主要是对日常业务活动的监督，基层管理者监督指导诸如收取支票、控制存货和维修设备之类的活动。一旦出现如定价错误或日常设备损坏等问题，基层管理者就应出面解决这些问题，以保证组织的正常运转。在对其负责的业务活动进行指导时，基层管理者需要充分掌握质量控制报告、存货转交报告等信息。

高校后勤服务实体在市场经济的条件下，要按照现代企业的管理规则进行运作。现代企业的职能领域相当广泛，各个领域之间相互影响，相互促进。对于高校后勤来说，战略管理、人力资源管理、物流管理、财务管理等职能领域是值得重点关注的，在这些职能领域内，很多高校后勤服务实体在理论和操作上都是比较欠缺的。

战略管理就是分析企业的外部环境要求和内部资源状况，并以此为基础确定企业发展的方向和策略。战略管理致力于对市场营销、财务会计、生产作业、研究开发、计算机信息系统等进行综合管理，以实现企业的成功。在战略管理中，迈克尔波特的五种竞争力模型和价值链管理思想是相当有效的分析工具。一个组织素质的高低，在很大程度上是其成员素质的总体反映。得到并留住能干的员工，是每个组织取得成功的关键，不管这一组织是刚建立还是已经运作多年。所以，人力资源管理是管理工作职能领域中相当重要的一个环节，财务状况往往被看作考察企业竞争力的最好尺度。确定企业的财务优势与弱点是制定有效战略的必要条件。财务因素往往会改变现行的战略与计划。企业的资金周转率、财务杠杆比率、流动资金、盈利率、资产利用率、现金流量及股东权益等财务指标状况可以排除某些战略的采用，所以财务管理职能在企业中相当重要。财务活动包括投资活动、融资活动、利润分配活动和资产管理活动。

后勤和物流本身有着天然的联系。物流管理的目的是要尽可能地在最低的总成本条件下实现既定的客户服务水平。高校后勤的采购、运输等各个环节都涉及物流的控制，这必然要求建立现代化的物流管理体系。

二、高校后勤管理的原则

高校后勤保障与管理工作是高校常规管理工作的重要环节，关系到社会、高校和师生的稳定，关系到青少年的健康成长，关系到教育事业持续发展的大局。随着教育改革的不断深入和高校布局的不断调整，高校后勤工作的任务越来越重，责任越来越大。

一流的高校要有一流的后勤，而一流的后勤需要配备一流的素质人员。后勤管理工作是高校工作的重要组成部分，探明它内在的客观规律，明确其基本要素，就可以提高工作效能，使后勤工作更好地为开创高校工作新局面做贡献。

众所周知，高校后勤工作具有综合性、广泛性、从属性、服务性和琐碎性等特点，头绪繁杂，任务艰巨。高校后勤工作将会随着教育事业的发展而日趋繁重，具体地讲，要搞好高校后勤管理应该注重以下原则。

（一）服务教学的原则

高校后勤工作必须为教学服务，为师生服务。教学工作是高校的重点工作，而服务师生工作又是重中之重。俗话说，"兵马未动，粮草先行"。高校后勤工作作为高校的后勤保障，它在提供教学设备、改善教学条件等方面起着重要的作用。高校后勤工作的首要任务就是为教学服务，为师生服务。这就要求后勤工作人员必须树立为教学服务的思想，明确后勤工作的主要任务是为教学、为师生创造良好的工作环境和必要的物质条件，使后勤工作在期初、期中、期末各个阶段与教学工作和服务师生工作紧密配合，保证教学工作和服务工作的顺利进行。

（二）服务生活的原则

高校后勤工作必须为广大师生的生活服务。搞好全校师生的生活、福利是后勤工作者应尽的职责。后勤工作者应努力改善师生的生活和搞好集体福利，让全校师生有一个良好的工作和学习环境，解除教师的后顾之忧，保证师生的健康，使他们有足够的时间和充沛的精力投入教育教学工作中。

（三）经济效益的原则

高校后勤工作必须坚持经济性原则。自力更生，开源节流。工作中坚持勤工俭学、勤俭办学的原则。合理使用资金，事事精打细算，量力敷出，保证重点，发扬自力更生、艰苦奋斗的精神。能自己干的自己干，能自己做的自己做，尽可能地节约开支，把有限的经费用到教育和教学急需上。

（四）整体规划的原则

高校后勤工作必须有整体规划。在当前教育经费不足的情况下，工作中一定要做出常年规划，有计划、有目的地逐步把高校建设好，为师生创造一个整齐、清洁、舒适、优美的教学环境。

三、高校后勤管理的基本任务

高校后勤保障与管理工作的总体要求是，完善设施，改善环境，提供保证；创新机制，健全制度，精细管理；创建体系，突出公益，服务育人。围绕当前家长最关心、最现实的问题，包括吃、喝、环境、卫生、安全、健康等，抓好高校后勤保障工作。要坚持一手抓高校后勤设施条件的改善，一手抓精细化管理服务。要树立典型，全面提升后勤管理水平。其主要任务包括以下几点。

（一）切实抓好高校食堂和食品卫生管理

高校食堂和食品卫生管理工作，直接关系到师生的身心健康和高校、社会的稳定，是高校后勤保障与管理工作的重点。高校食堂管理要实行一把手负责制，切实建立以校长为第一责任人，后勤主任具体抓高校食堂食品卫生的管理体制。实行物品定点采购制度，严把质量关；实行物品采购索证登记制度，从原材料的质量检验到入库储存要按制度要求强化责任意识；实行食堂从业人员定期健康查体制度，持证上岗；坚持实行食品预尝和留样制度，保证学生食品制作的规范，坚决不允许向学生出售剩饭剩菜；实行事故责任追究制和"一票否决制"，防止霉变、劣质食品流入高校食堂，防止流行性病毒感染，有效消除食堂及食品卫生安全隐患，杜绝学生集体性食物中毒事件发生；建立食堂炊具、餐具及厨房、餐厅定期消毒制度和生活用水的卫生安全检测制度；强化暖气管道定期检查和定期维修保养制度；完善高校食品卫生安全工作的预警、预案、隐患排查和事故责任追究制度等。高校校长要从保障学生身心健康和生命安全、保持高校正常教学秩序和维护社会和谐稳定的大局出发，加大对食堂和食品卫生安全各个环节的监管力度，确保食堂和食品的安全卫生。

（二）切实抓好高校宿舍管理工作

学生宿舍是学生学习、生活、休息的场所，也是高校精神文明建设和素质教育建设的窗口。高校要让学生宿舍的管理工作更趋向规范化、制度化，让学生健康快乐地成长，为学生创造安全而温馨的住宿环境。选举宿舍舍长，检查值日情况，保证学生拥有良好的休息环境。教育学生遵守宿舍纪律，按时就寝，熄灯铃响后不讲谈说笑，不得做其他事情。教育学生增强防范意识，适时关锁门窗，妥善管理自己的钱物，确保学生的人身安全和财物安全。实行每日检查制，每天晚上及时检查住宿人数，若有未到者，必须知道其去向，若查不出其去向，要及时向高校领导反映。要求住校学生不得在外留宿，非本室住宿人员不得随意在宿舍住宿。学生亲友来校住宿的，必须向高校申请，同意并做好登记后方能住宿。搞好"三防"（防火、防盗、防破坏）工作，经常巡查宿舍区，遇偶突发事件须妥善处置，并及时向校领导报告。发生突发事件、刑事或治安案件、灾害事故，及时处置、及时报警，注意保护现场，并报告职能部门，采取积极有效的措施，确保师生和国家财产安全。

（三）抓好校园风险分散工作

在最近几年，校园伤害事故呈现出多样性、复杂性，高校教育中面临的学生意外伤害风险对高校教育教学的影响日趋严重，高校安全管理工作的任务十分艰巨。保险是市场经济条件下进行风险管理和控制的基本手段，充分利用保险费率的杠杆作用，处理高校发生的安全责任事故，有利于防范和妥善化解各类校园安全事故责任风险，解除高校、家长的后顾之忧，有利于推动高校实施素质教育，有利于维护高校正常的教育教学秩序，有利于保障广大在校学生的权益，能避免或减少经济纠纷，减轻高校办学负担，维护校园的和谐稳定，促进青少年健康成长。

（四）抓好学生的养成教育

高校后勤管理工作要把学生的养成教育贯穿始终，并纳入高校德育工作范畴。在劳动实践活动中注重培养学生的劳动观念、安全意识和创新意识；在食堂就餐时注重培养学生文明就餐，勤俭节约的习惯；在起居生活中注重培养学生讲究个人卫生的习惯；在校园活动中注重培养学生爱护一草一木，不随地吐痰，不乱扔纸屑，尊老爱幼，助人为乐的公民意识，使高校成为社会主义精神文明建设的窗口。

第三节 高校后勤管理队伍建设对策

一、高校后勤队伍建设中的问题及解决途径

加强后勤队伍建设是切实履行自身职责的重要保证，同时也是满足服务对象需求的迫切需要。后勤人员需要苦练"内功"，以自己的言行为表率，影响和教育学生，默默地为培养学生的责任意识做出自己应有的贡献。因此，后勤人员需要努力培养自己精湛的技术和过硬的作风，从而确保育人和服务双重职责的顺利完成。

（一）高校后勤队伍现状及存在的问题

目前主要有两个方面的因素制约着高校后勤队伍的发展。首先，是传统的办学体制导致的问题。在高校后勤队伍中人员主要存在事业编制和非事业编制两类，子弟接班和复转军人以及农转工，还有合同制集体工人等是组成事业编制人员的主要成分，而农民工是非事业编制人员。因此说，高校后勤队伍的整体层次处于不高的水平之中。其次，社会化改革，导致一些新的问题出现，后勤部门被高校划分出来，推行自我管理和自主经营，在后勤队伍中，事业编制人员不再增加，致使后勤队伍的新生力量多年匮乏。目前，在高校后勤队伍建设中，这两个因素日益突出，同时也是对高校后勤可持续发展产生约束的致命点。

1. 后勤职工文化程度偏低

高校后勤的管理员和中心主任，往往具有多年的丰富的后勤工作经验，但大多未接受正规的高等教育，多半凭经验进行管理，大多维持在定式思维上，缺乏创新，工作规范性不足。在知识分子云集的高校，如果后勤人的思维和对待事物的方式，与教师和大学生的产生偏差，往往就会体会不出他们的心境和要求，这是造成后勤工作不能使师生满意的根本原因所在。

2. 年龄普遍偏大

由于在高校后勤队伍中，多年不进新人，一些部门面临着"青黄不接"的状态。平均年龄在 50 岁以上是后勤各中心的管理干部所存在的现象，在未来 5 到 10 年，后勤管理干部退下来的会有一大批，而培养后勤基层管理干部是需要一段时间的。

3. 专业技术人才缺乏

在科学技术不断进步的今天，投入使用的新技术、新材料以及新方法越来越多，懂专业技术、对学校情况熟悉的专门人才越来越成为高校后勤工作所期盼的人员。但是，对于高校的后勤工作来说，其正面临着引进高水平技师的困难。这种状况应该引起我们的高度重视，应及时地培养和引进后勤的新生力量，为现有的技术岗位培养专门人才，使高校后勤工作实现可持续的健康发展。

（二）加强高校后勤队伍建设的途径

要想建设国际知名的高水平大学，就需要建设一支一流的后勤队伍作为保障。培养高素质和高水平的后勤人员，确保后勤"三服务"和"三育人"的职责真正得到落实，使后勤服务工作能够满足师生员工日益增长的需求。因此说，我们需要采取一定的措施，强化建设后勤队伍意识，及时地贮备后勤管理和技术人才，为后勤工作的可持续发展奠定基础。

1. 外部引进和内部培养相结合

建设管理和技术骨干队伍是强化高校后勤队伍建设的关键。首先需要把一套引进人才的科学合理的机制构建起来，在后勤队伍中充实一些受过正规训练、热爱后勤事业、受过高等教育的专业人才，使后勤队伍的知识和年龄结构得到进一步的优化，整体实力和创新能力得到提升，使人力资源的优势和效用被最大化地发挥出来。

2. 学校要给予相应的政策支持和保障

后勤队伍的重要性与其他部门同等重要。因此，学校应结合后勤队伍实际情况，适度解决每年的事业编制名额问题，这样有利于人才的引进。另外，对后勤管理人员行政级别进行明确。把那些虽然是非事业编制，但表现优秀，且具有较强技术专长的员工，纳入学校事业编制。学校给予后勤工作相应的政策支持，也是确保优秀人才被吸引到后勤工作之中的有效手段，能为后勤工作的可持续发展创造有利条件。

为了突破高校后勤队伍建设的瓶颈，高校应更新用人观念，学习现代企业的管理理念，采用人性化管理，对用人环境进行改善。为了稳定后勤管理队伍，要提高后勤人员的待遇，从感情上留住员工，并使高校后勤人员能将后勤管理工作当成自己终生热爱的职业。

3. 开展全方位培训，提高后勤队伍的整体素质

为了确保后勤队伍整体素质的提高，需要经常性地开展全方位的系统培训。

当今社会飞速发展，新技术日益更新，人人面临着激烈的竞争，不学习就意味着停止不前，因此后勤职工也需要不断地学习和提高。需要把培训当作常规工作纳入后勤工作之中，结合不同需求、不同岗位以及不同层次的需要，开展常态化、规范化的培训。新的历史时期，我们要勇于把做好高校后勤工作的重担承担下来，增强责任心，勇于实践，积极地进行探索与创新，为高校后勤的持续和健康发展出力献策。

二、高校后勤用工制度改革策略

用工制度改革一直是高校后勤社会化改革的重要内容之一。目前，在高校后勤用工过程中，用工方式混乱、劳动关系不平等、管理水平和效率低下等现象普遍存在，用工制度改革所对应的关键性问题并没有得到根本上的解决。

（一）引入社会优质企业提升后勤服务

服务外包是指"企业与其他单位（个人）签订合同将其非核心的业务外包出去，借助外部优秀的企业化团队来承接其业务，利用专业服务商的专门知识、经济劳动力等资源，来完成原来由企业内部完成的工作，从而使其专注于核心业务，达到降低成本、提高效率、提升应变能力及核心竞争力等目的的一种管理模式"。高校可采取"花钱买服务"的方式，将部分服务项目通过服务外包的形式委托给社会优质企业。采取这种模式，一是能有效减少学校直接使用的非在编职工数量，从根本上消除用工风险问题；二是通过开放后勤市场，引入社会优质企业参与后勤市场竞争，能提高后勤服务的标准化程度，从而提高后勤服务质量。高校推行后勤服务外包，须重点关注四个方面的问题。

1. 项目选择与界定

要慎重选择外包项目。在高校后勤服务领域中，有些项目并不适合采取服务外包模式。一类是涉及对学生进行管理教育的业务都不适宜外包。例如，学生公寓管理服务业务就不适合全部实施服务外包。因为学生公寓不仅是大学生休息的场所，更是高校对其进行思想政治教育、生活习惯养成教育的重要阵地，承担着重要的育人职能。公寓保洁和安保可以外包给社会企业承担，但公寓内的学生管理教育和宿舍文化建设业务不适宜外包，应由学校承担。为此，在进行服务外包时，必须慎重选择可以进行外包的业务。另一类是不易于测算的业务也不适宜外包。这类业务如外包的话，费用不易核算。例如，设施的保养维护与维修。另外，高校后勤社会化往往都是从学生食堂外包或承包经营起步的。具体来说，校园及楼宇保洁、校园绿化、安全保卫等业务可以外包。同时要将项目界定清楚。否则，一旦发生纠纷容易造成责任不清。

2.服务标准

将后勤服务项目外包给社会企业承担，对于高校来说，是花钱买服务。为此，在外包之前，高校需要明确各个项目的服务标准。社会企业对照服务标准审视自身能否承担，然后决定是否承揽该业务。

3.服务费用

在界定清楚了项目、明确了服务标准之后，高校可通过竞争性谈判或者公开招标等方式，与有意承揽服务业务的社会企业进行谈判。谈判的核心问题是确定服务费具体数额。

4.质量监管

高校将后勤服务项目外包给社会企业后，监管工作是确保服务质量的关键。学校应通过监管措施，控制和掌握外包后的主动权。高校在进行后勤服务项目外包谈判前，就应当发布监管办法，让拟参与谈判的社会企业事先了解监管措施。学校职能部门应加强对校园物业监管的领导，把校园物业监管纳入日常行政管理工作，使校园物业监管水平与学校事业同步发展。监管应主要围绕监督检查物业服务单位履行物业服务委托合同的情况、协调物业服务单位与服务对象的沟通与联系等方面。校方监管工作的抓手是物业服务费，可将服务付费标准与监管考核工作挂钩，以此有效促使社会企业按照合同约定提供达标的服务。

（二）采取劳务派遣、非全日制等用工方式

高校当前可有选择地采取劳务派遣用工方式。所谓"有选择地"是指选择适合实行劳务派遣用工方式的后勤岗位。有些项目不适合采取项目外包方式，这些项目大部分可以实行劳务派遣用工方式。在各高校，食堂工作人员都是后勤用工的主要部分。对于由学校经营的食堂来说，实行劳务派遣用工方式是开展膳食服务职工队伍建设的有效途径。

实行劳务派遣用工方式，关键要解决好三个问题。一是要确保劳动者报酬的安全。根据劳务派遣协议，高校每月将劳动者工资、单位应承担的劳动者社会保险费付给劳务派遣公司，劳务派遣公司再将工资发放给劳动者，将社会保险费缴纳到社保机构。在此过程中，如何确保工资能足额、及时发放到劳动者手中，如何确保高校承担的劳动者社会保险费能全部缴纳到社保机构，是高校不得不考虑的问题。二是妥善处理已在学校后勤岗位工作多年，又转为劳务派遣方式用工的人员的工作。这部分非在编职工，长期在学校后勤岗位工作，由一直从学校领工资转为从劳务派遣公司领工资，感觉被学校"舍弃"了，一时

接受不了。三是提高派遣员工在学校工作的归属感，这是实行劳务派遣用工方式后面临的新课题。部分劳务派遣员工甚至产生了已不属于学校了，在学校干好干坏都不影响从劳务派遣公司领取报酬的想法。

采取非全日制用工形式，用工单位不用为劳动者缴纳社会保险费；终止用工时，用人单位无须向劳动者支付经济补偿。高校可因事制宜地在部分后勤岗位采取非全日制用工方式，既可以节省用工成本，规避用工风险，又能有效完成后勤服务工作任务。

（三）关键岗位实行"准事业编制"

人力资源是事业发展的关键因素，企业核心人力资本是核心竞争力的主要源泉。高校后勤由于事业编制的限制，一直以来不能引进懂管理、会经营或者拥有一技之长的技能人才，这是制约后勤工作不能科学发展的关键因素。基于目前我国事业单位改革的现实情况，编制问题短期内难以彻底解决。当前，高校可采取"准事业编制"的做法，建立人才引进机制，有效破解该难题。所谓"准事业编制"的具体做法，就是在一些重要的管理岗位或者专业技能岗位，若学校事业编制内人员不能胜任工作，就与经营管理人才或者实用型技术人才签订劳动合同，工资待遇按照事业编制人员执行，由学校直接为其缴纳社会保险，并为其畅通晋级途径。这样做，一是有利于吸引人才，解决高校后勤经营管理、专业技术岗位人才奇缺的问题。二是有利于形成竞争机制。通过完善"准事业编制"职工动态管理机制，强化岗位管理，能够在职工中形成竞争机制。同时，劳务派遣员工中的优秀分子，可通过这个渠道进入学校，从而能激发劳务派遣员工的积极性。三是有利于构建人才梯队。这些人进入学校后勤岗位后，是学校后勤建设的骨干。学校每年或者间隔一两年按"准事业编制"的做法招聘若干人，有利于建立起人才队伍梯队。

第八章 辅导员管理工作精细化探析

自 20 世纪 50 年代初期我国建立高校辅导员制度以来，辅导员一直是高校开展大学生思想政治教育的骨干力量。本章分为高校辅导员的角色功能、高校辅导员的素质要求、高校辅导员工作精细化理解和高校辅导员自身能力保障精细化探析四部分，主要内容包括高校辅导员角色概述、高校辅导员的角色扮演、"素质"含义探讨、高校辅导员素质发展的动态要求等方面。

第一节 高校辅导员的角色功能

一、高校辅导员角色概述

（一）角色的概念

角色一词原指戏剧中演员扮演的剧中人物。20 世纪 20 年代，美国芝加哥社会学派的代表人物 G.H. 米德把角色的概念引入社会学研究领域，用来说明个体在社会舞台上的身份和行为。H.H. 凯利和 J.W. 蒂博认为，角色是他人对相互作用中处于一定地位的个体的行为的期望系统，也是占有一定地位的个体对自身行为的期望系统。也有学者指出，"角色是指与人们的某种社会地位、身份相一致的一整套权利、义务的规范与行为模式，它是人们对具有特定身份的人的行为期望，它构成社会群体或组织的基础"。尽管众多研究者研究的角度和表达的方法不同，但对构成角色的三要素的认识还是比较统一的，即认为构成角色的三要素是个体一定的社会地位、社会对个体的要求或期望、个体的行为模式。如今，绝大多数的角色理论专家认为，角色是个体符合社会期望实现其身份的权利和义务的特殊行为模式。

角色是社会对个人职能的划分，它指出个人在社会活动中的地位，在社会关系中的位置，在人际交往中的身份。在很大程度上，人们的行为只能按照他所处的背景和地位来决定。因此，角色的基本特征来自每一类角色都有一组由社会为之规定的、由角色行为规范模式决定的并与其所处地位、身份、职位相符合的特殊行为。不同角色相互区别的关键，就在于它们各自具有一组特殊的行为，这些特殊的行为共同构成行为规范模式。也即，角色与行为规范模式之间具有一致性，每一种社会角色都有一特定的行为规范模式与之匹配。

在社会系统中，个体扮演的角色不止一种，而是多重角色的统一体。生涯发展大师，著名学者舒伯 1976～1979 年在英国进行了为期四年的跨文化研究，在其原有的发展阶段理论上加入角色理论，提出了一个更为广阔的新观念，即生活广度、生活空间的生涯发展观。他根据生涯发展阶段与角色彼此间交互影响的状况，描绘出了一个多重角色生涯发展的综合图形，构建了"生涯彩虹图"。也即在生涯发展中，个体总是承担着多种角色。这些角色往往相互联系、相互依存。

当个体承担了某一角色后，就需要将其表现出来。这一表现过程往往由对角色的期望、对角色的理解领悟以及对角色的实践三个阶段组成。角色期望，是指社会对处于特定地位的人规定的一套权利义务和行为规范。角色期望是社会对人的行为规范的要求，是外在的。角色期望又叫角色期待，它是社会结构和角色行为之间的桥梁。一个人的角色行为是否符合其所处的地位，要看他在多大程度上遵从了角色期望。社会对角色所持的期望形成了角色规范，为角色行为规定了一般的准则和方式。在现实生活中，人们正是依据社会对角色的期望才能够把握自己的行为，也是按照角色期望来预测和评价他人的行为的。

（二）我国高校辅导员角色的嬗变

每个人都生活在一定的社会中，并在其中扮演相应的社会角色。个人正是通过角色的扮演，与其他角色发生相互作用，从而履行一定的社会责任的。不过，任何一个角色的扮演都是由特定的社会需要所决定的，并随着社会的发展而发生变化。高校辅导员队伍建设是与人民政权建设及高等教育事业同步发展的。辅导员一职从 1952 年在高校开始设置，经历了我国社会主义改造、全面建设社会主义和改革开放与现代化建设这些历史进程的演变。

在我国，高校辅导员这一角色诞生于特定的历史时期，起初被称作"政治指导员"或"学生政治辅导员"。中华人民共和国成立后，为贯彻教育工作为政治服务的方针，高校建立了政治工作制度。1952 年，教育部要求在有条件的高校逐步设立政治辅导处，在学生中实行政治辅导员制度。1953 年，清华大学、北京大学提出试点请求。此后，不少高校建立了辅导员制度，辅导员主要承担政治方面的工作，是学生的"政治领路人"。1961 年中共中央批准试行的《教育部直属高等学校暂行工作条例》和 1965 年教育部制定的《关于政治辅导员工作条例》，以法规的形式对政治辅导员的地位、作用、工作任务和职责等都做了明确规定，辅导员的主要任务是辅导学生的政治学习和政治活动。这样，全国各类高校普遍建立了政治辅导员制度。"文化大革命"期间，我国高校政治辅导员制度遭到严重破坏。中国共产党第十一届中央委员会第三次全体会议（简称十一届三中全会）后，政治辅导员制度得以恢复。但是因为"文化大革命"期间思想政治工作人才（包括辅导员）转岗严重，于是高校就让专业教师兼职担任政治辅导员，辅导员工作不再仅仅停留在政治工作上，而逐步向思想政治教育工作转变。在改革开放和社会主义现代化建设的新时期，作为高校专职思想政治工作者，辅导员的身份、地位及工作任务在党和政府的有关政策文件中都有明确规定。1980 年，《关于加强高等学校学生思想政治工作的意见》提出，高等学校的学生政工干部，既是党的政治工作队伍的一部分，又是师资队伍的一部分，担负着全面培养学生的重要任务。这样就赋予了辅导员"双重"角色。1987 年，《关于改进和加强高等学校思想政治工作的决定》指出，从事学生思想政治教育工作的专职人员，是教师队伍的组成部分，应列入教师编制，实行教师聘任制。这进一步明确了辅导员的教师身份。

随着社会主义市场经济的不断发展和高等教育大众化的全面推开，高校学生工作发生了新变化，大大拓宽了高校辅导员角色的内涵。中共中央教育部 2000 年颁布的《关于进一步加强高等学校学生思想政治工作队伍建设的若干意见》将辅导员的性质定位为学生思想政治工作的组织者和指导者，是高等学校教师和管理队伍的重要组成部分。2004 年中共中央、国务院发布的《关于进一步加强和改进大学生思想政治教育的意见》明确指出，辅导员是高校学生思想政治教育工作队伍的主体之一，是大学生思想上的引路人，生活中的体贴人，学习上的指导者和心理上的疏导者，辅导员的职能随之拓展，需要"帮助学生解决实际问题"，包括帮助困难学生、心理咨询、就业指导、协调人际关系等诸多内容。2005 年，教育部发布的《关于加强高等学校辅导员、班主任队伍建设的意见》指出，辅导员是高等学校教师队伍的重要组成部分，是高等学校从事德育工作、开展大学生思想政治教育的骨干力量，是大学生健康成长的指导者和引路人。2006 年 9 月，教育部公布实施的《普通高等学校辅导员队伍建设规定》重申了辅导员具有教师和干部双重身份，将辅导员的身份定位为开展大学生思想政治教育工作的骨干力量。

梳理高校辅导员角色嬗变的历史，可以看出，辅导员的概念和角色具有历史性特征，随着时代的发展和历史的推进而逐渐变化。当前，随着社会的快速发展和高等教育改革的不断深入，特别是高等教育的大众化、高校后勤的社会化，辅导员的工作领域正在不断延伸，角色内涵随之不断丰富。辅导员的称谓由传统的"政治指导员"向"辅导员"过渡，角色定位已从最初单一的思想政治教育者向以指导学生成才为核心的教育者、服务者的多元化方向发展，职责已从单纯的负责思想政治教育扩展为集教育、管理、服务为一体，引导大学生全面、健康成长。

（三）现代高校辅导员的角色期望

每个社会成员在社会活动中都扮演着不同的角色，每个角色都有其相应的权利、义务和行为规范。随着高等教育的快速发展，高校辅导员逐渐进入大众视野，日益引起人们的关注。作为一种职业角色，作为高校学生工作的主力军，辅导员在社会、高校与学生这一网络中处于"结点位置"，面对着来自国家、高校、学生的期望和要求。所以，我国高校辅导员的角色要求是多元的，带有一定的复杂性。

1. 国家对高校辅导员的角色期望

要给我国高校辅导员进行准确定位，必须对我国高校辅导员的工作内容和职业性质进行分析和研究，然后归纳出我国辅导员队伍的角色内容。国家对辅导员的角色要求可以通过 2006 年教育部令第 24 号文件《普通高等学校辅导员队伍建设规定》体现出来。

（1）角色身份

《普通高等学校辅导员队伍建设规定》指出，辅导员是高等学校教师队伍和管理队伍的重要组成部分，具有教师和干部的双重身份。辅导员是开展大学生思想政治教育的骨干力量，是高校学生日常思想政治教育和管理工作的组织者、实施者和指导者。辅导员应当努力成为学生的人生导师和知心朋友。这从宏观上确定了辅导员在高校育人过程中的角色身份。

（2）工作要求

《普通高等学校辅导员队伍建设规定》明确了高校辅导员的工作：认真做好学生日常思想政治教育及服务育人工作，加强学生班级建设和管理；遵循大学生思想政治教育规律，坚持继承与创新相结合，创造性地开展工作，促进学生健康成长与成才；主动学习和掌握大学生思想政治教育方面的理论与方法，不断提高工作技能和水平；定期开展相关工作调查和研究，分析工作对象和工作条件的变化，及时调整工作思路和方法；注重运用各种新的工作载体，特别是网络等现代科学技术和手段，努力拓展工作途径，贴近实际、贴近生活、贴近学生，提高工作的针对性和实效性，增强工作的吸引力和感染力。可以看出，教育部对辅导员的工作要求不仅全面，而且标准很高。

（3）工作职责

《普通高等学校辅导员队伍建设规定》涉及的八项辅导员工作职责涵盖了学生事务的各个方面：帮助高校学生树立正确的世界观、人生观、价值观，确立在中国共产党领导下走中国特色社会主义道路、实现中华民族伟大复兴的共同理想和坚定信念。积极引导学生不断追求更高的目标，使他们中的先进分子树立共产主义的远大理想；帮助高校学生养成良好的道德品质，经常性地开展谈心活动，引导学生养成良好的心理品质和自尊、自爱、自律、自强的优良品格，增强学生克服困难、经受考验、承受挫折的能力，有针对性地帮助学生处理好学习成才、择业交友、健康生活等方面的具体问题；了解和掌握高校学生思想政治状况，针对学生关心的热点、焦点问题，及时进行教育和引导，化解矛盾冲突，参与处理有关突发事件，维护好校园安全和稳定；落实好对经济困难学生资助的有关工作，组织积极帮助经济困难学生完成学业；积极开展就业指导和服务工作，为学生提供高效优质的就业指导和信息服务，帮助学生树立正确的就业观念；以班级为基础，以学生为主体，发挥学生班集体在大学生思想政治教育中的组织力量；组织、协调班主任、思想政治理论课教师和组织员等工作骨干共同做好经常性的思想政治工作，在学生中间开展形式多样的教育活动；指导学生党支部和班委会的建设，做好学生骨干培养工作，激发学生的积极性、主动性。

2. 高校对高校辅导员的角色期望

通过查阅高校学工部工作相关资料，发现高校始终以教育部的政策为指南加强辅导员队伍建设，只是在实际的学生工作中，高校对辅导员提出了一些更加具体的角色期望和要求。

（1）思想政治教育与引导

为学生讲授形势与政策课，组织开展多种形式的主题教育活动，坚持与学生谈话制度，深入了解学生的思想状况，有针对性地开展日常思想政治教育工作和品德行为引导工作。

（2）心理健康教育与指导

讲授心理健康教育课程，举办普及性讲座，开展个别咨询与团体辅导活动，及时发现并协助有关部门处理学生心理疾患而导致的各种问题，努力防止因心理问题而引发恶性事故。

（3）学风建设与学业指导

加强与任课教师、班主任、研究生导师的沟通，全面了解学生的学习情况，帮助学生端正学习态度、明确学习目标、掌握学习方法，促进学业进步。

（4）党团工作指导

协助院（部）党委指导学生党支部的建设，做好学生党员发展和教育管理工作。指导学生团支部开展丰富多彩的主题团日活动，做好团员教育、评议和推优入党工作。

（5）素质拓展指导

加强对校园文化建设和社会实践的指导，依托班级和团支部，组织好学生的寒暑假社会实践活动、服务社区活动、技能培训活动、课外科技学术活动和文体娱乐活动，拓展学生素质，培养学生的创新能力、实践能力。

（6）职业规划与就业指导

帮助学生进行职业生涯规划，促进学生充分就业。

（7）班级建设工作

建立学生班级管理档案，做好学生干部的选拔、培养、考核工作，指导学生班级开展丰富多彩的活动，营造积极向上、宽松和谐的氛围。

（8）日常事务管理工作

坚持公开、公平、公正的原则，做好综合测评、评奖评优等学生日常管理工作。及时了解学生的思想、学习、生活情况，维护学生权益，为学生排忧解难。

（9）宿舍管理工作

经常深入学生宿舍，指导学生营造良好的宿舍卫生环境和文化环境。

（10）安全稳定工作

开展日常安全教育，提高学生的安全意识，及时妥善处理学生生活中出现的各种突发事件。

3.大学生对高校辅导员的角色期望

学生是辅导员工作的直接对象，他们对辅导员角色的期望是辅导员工作的出发点和落脚点。根据问卷调查，学生对辅导员的角色期望具有丰富的内涵，包含多种角色。学生对辅导员多重角色的排序依次为，人生发展的导航者、了解学生的善察者、为人处世的楷模、生活上的关怀者、专业学习指导者、心理问题的咨询者、学校与学生之间的协调者、思想政治的解惑者和按章办理的管理者。对各年级学生对辅导员的角色期望进行非参数检验，结果发现不存在显著差异。这表明各年级学生对辅导员的角色期望具有高度的一致性。但不同年级学生对辅导员的角色期望仍然存在一些差别，比如一年级学生对辅导员作为"为人处世的楷模"角色的要求不如其他三个年级明显，二年级学生对辅导员作为"专业学习指导者"角色的要求明显强于其他三个年级，而四年级学生对辅导员作为"心理问题的咨询者"角色的要求比其他三个年级学生强烈，这体现出不同年级学生在不同发展阶段其身心发展特点及其发展需求存在差异性。总之，大学生发展需求的多样性和差异性向辅导员传统的单一的管理者角色提出了挑战，同时为对辅导员多重角色的演绎提供了现实依据。

辅导员角色既代表辅导员个体在社会群体中的地位与身份，同时也包含着社会和他人期望辅导员所表现出的行为模式：既包括社会公众、学校管理者和学生对辅导员的行为期待，也包括辅导员对自己应有行为的认识。高校辅导员的角色是社会系统水平上的"特殊行为模式"，是与高等教育结构相适应的特殊角色。

（四）高校辅导员的角色定位

角色定位是指与某种职业相一致的一整套权利、义务和行为模式的总和。任何一种职业都有其特殊的、区别于其他职业的角色定位。对高校辅导员而言，其角色定位包括明确的认知定位、恰当的情感定位、正确的价值观定位。然而在现实中，高校辅导员的角色定位并不清晰，甚至出现了错位，辅导员是教师还是行政管理干部，抑或是并列的两种身份，人们对此争论不休。明晰辅导员的角色定位，是辅导员在其基本职责范围内卓有成效地开展工作的基础。

1.高校辅导员有别于一般的专业教师

辅导员是以指导学生发展为中心工作的教师，但其职责有别于任课教师。按照国家有关文件的规定，高校辅导员是高等学校教师和管理队伍的重要组成部分，辅导员首先是教师。但是，辅导员有别于任课教师。高校辅导员工作以思想政治教育为主线，寓教于学生党团建设、日常教育管理与服务以及课外活动指导之中。其工作内容包括学生思想政治教育、品德教育、学生党团建设、评奖评优、违纪处理、课外活动指导、学生学习与成才指导、就业指导与服务、心理健康的一般咨询与辅导等。这些工作体现了学生工作的性质，是学校教育活动的重要组成部分，其工作内容和方式方法明显不同于任课教师。

2. 高校辅导员有别于一般的行政管理干部

辅导员在学生发展过程中肩负着重要的管理职责，但有别于一般的行政管理干部。辅导员在规范学生行为和加强学生党团、干部及社团建设等方面应该承担管理职责，辅导员也需要关心学生的学习、生活和工作，并为改善学生的学习、生活和教育条件向学校提出积极建议，同时应落实国家资助贫困生的各项政策及做好学生成才指导、就业指导与服务等工作。但是，辅导员工作有其特殊性，其任务是通过配置学校有限的教育资源，促进学生全面发展，为社会培养更多的合格人才；其管理主要通过智力活动来进行；其工作性质具有很强的精神性，所以，辅导员工作不是一般意义上的行政管理工作，也不是一般意义上的服务工作，而是一种以用特定方式全面提高学生素质为根本任务的教育活动。辅导员不仅要用自己的知识、经验和感悟辅导学生，寓教于引导之中，也应该以指导学生发展为主体工作，寓指导于辅导之中，以学生事务管理为基础工作，寓管理于服务之中。

可见，高校辅导员的职业身份既不同于教师，也有别于管理干部，而是作为一种独立职业存在。他们专门从事大学生思想政治教育（包括政治教育和经常性的思想工作）和学生事务管理（包括学生救助、资助等方面的咨询与服务）工作，以服务学生、引导和促进学生全面发展与健康成长为主要内容。

二、高校辅导员的角色扮演

角色扮演指个体根据自己对各种社会角色的理解来调节自己行为的过程。角色扮演是个体社会化的基础，也是个体相互作用的过程。每一个个体都处于社会关系网络之中，占据着多个社会为之规定的位置，具有多重社会角色。高校辅导员也具有多重社会角色。

（一）大学生思想政治教育的引领者

思想政治教育职能延续了辅导员制度创立之初要求辅导员培养学生政治素质的职能，在辅导员的历史发展过程中，开展思想政治教育活动是党和国家对辅导员工作的一贯要求。2004 年的中共中央、国务院 16 号文件《关于进一步加强和改进大学生思想政治教育的意见》明确指出："辅导员、班主任队伍是大学生思想政治教育工作队伍的主体，是大学生思想政治教育的骨干力量，辅导员要按照党委的部署有针对性地开展思想政治教育活动，班主任负有在思想、学习和生活等方面指导学生的职责。"《普通高等学校辅导员队伍建设规定》（教育部 24 号令）对辅导员八项工作职责的规定中，前三项属于学生思想政治教育职责。可见对大学生开展思想政治教育活动是辅导员的核心职能，高校辅导员努力成为大学生思想政治教育的引领者，既是党的教育方针的要求，也是高校辅导员队伍建设的政治要求。

随着世界多极化和经济全球化进程的不断推进，国内经济体制、政治体制改革的不断深化，以及社会结构的不断调整，我国出现了社会矛盾纷繁复杂，政治、经济和社会生活中不断出现新情况等问题，在这种形势下，大学生的思想容易陷入迷茫和困惑之中。大学时代是大学生人生观、世界观和价值观确立的时期，高校肩负着坚持社会主义办学方向，培养学生成为社会主义事业建设者和接班人的光荣使命，也负有坚持不懈地实施思想政治教育的重要任务。高校辅导员在人才培养过程中，能够坚持正确的政治路线和方向，能够坚持以科学的理论武装大学生、以正确的舆论引导大学生，使马克思主义、毛泽东思想、邓小平理论、"三个代表"重要思想、科学发展观和习近平新时代中国特色社会主义思想成为大学生自觉坚持的指导思想，对大学生的健康成长至关重要。因此，辅导员要运用马克思主义基本原理、观点、方法引导大学生认识世界、了解社会、辨别是非，提高大学生的政治鉴别力和政治敏锐性。一方面，辅导员需要引导大学生正确认识和理解马克思主义是科学的世界观和方法论，是经过历史和实践检验的真理，而不是过时的理论或教条，从而使其坚定对马克思主义的信仰。另一方面，需要引导大学生用发展着的马克思主义理论去认识和理解不断发展变化的、错综复杂的国际形势，认识和理解当代中国的发展以及发展过程中遇到的各种困难，从而增强对改革开放和现代化建设的信心，增强对党和政府的信任。此外，在实际教育过程中，在理解和灵活运用各种教育策略和原则的基础上针对学生的特点、特定的教育内容创设一定的思想政治教育环境，采取适当的、学生可以接受的、巧妙的方式传授正确的价值观，使学生在各种思潮的相互激荡中明辨是非，站稳立场，追求崇高，摒弃狭隘。

（二）大学生学业发展的引导者

大学教育不仅仅是教给学生必要的现代科学技术和文化知识，更重要的是培养大学生独立学习和获取知识的能力。因此，辅导员需要扮演学生学习引导者的角色，对学生进行必要的学习辅导，使学生培养良好的求知兴趣与态度，养成良好的读书习惯与方法；帮助学生确立发展目标，制订学习计划；帮助学生按照学习计划和步骤，根据难易程度、感兴趣的领域和准备涉猎的领域选择课程；帮助学生根据各自的情况和特点，有针对性地制订职业生涯规划。另外，辅导员对学生的学习辅导必须具有针对性，以突出工作重点。对大一新生来说，由于专职任课教师偏重于具体课程的指导，学生刚刚进入大学校园，一时不能适应学习方式的猛然改变，因此辅导员有责任从学生长期发展、从学习方法与知识结构等方面进行指导，以发挥其在文化素质教育中的特殊角色作用。具体而言，要求辅导员指导学生从"依赖性"的中学学习方式，向"独立性"的大学学习方式过渡，从理论性强的基础课学习向应用性和实践性强的专业课学习过渡，从学历学习向终身学习过渡。大学新生往往会面临高考压力骤减后的大学生活目标缺乏、对突然增加的自主学习时间不知道如何安排、不适应任课教师"翻页式"的大学教学方式等问题。所以对大学新生进行学习方法和学习能力的辅导尤为关键。辅导员应举办学习技巧讲座、学习经验交流会等，为大学生创造良好的学习环境。高年级学生由于基本掌握了大学学习方法，辅导员的主要任务在于帮助他们构建合理的知识结构和体系。当面对自己不熟悉的学科知识时，辅导员应该保持同任课教师的联系，在学生和任课教师之间做一个协调者。

当然，要成为一个合格的学习引导者，辅导员首先应该是一个倡导终身学习、热爱学习的学习型人才，要体现出严谨的治学精神。不但要有自己的专业研究方向，而且要熟悉和掌握一定的社会科学和自然科学知识。

（三）大学生职业生涯规划的指导者

按照美国著名的职业生涯研究学者舒伯提出的职业生涯发展"五阶段模式"学说，大学生处在职业生涯的探索阶段。而职业生涯探索阶段又可以分为暂定期（15～17岁）、转移期（18～21岁）和试行期（22～24岁）三个时期，大学时代跨越了转移期和试行期两个时期。在这两个时期，大学生的个体能力迅速提高，职业兴趣趋于稳定，逐步形成了对未来职业生涯的预期。可见，大学时期是大学生进行职业生涯规划和能力储备的关键时期，所以，高校对大学生进行职业生涯规划指导显得尤为必要。对学生进行职业生涯规划指导，以帮助学生更好就业，成为辅导员工作的重要构成部分。

大学生的多种能力发展需求，需要辅导员多重角色的参与，由此使得辅导员的角色具有丰富的内涵。但在大学生对辅导员的角色期待中，最重要的角色是"人生发展的导航者"。所以辅导员应把这一角色摆在首要位置。结合大学生的人生发展需求、个人能力、社会交往等情况，帮助他们进行职业生涯设计，协助其搭建职业生涯规划平台。如针对不同年级学生开展不同的辅导，在新生入学时介绍专业发展状况和对应的各种职业，帮助学生树立正确的职业理想，让其初步思考、设计职业规划；对大二、大三学生，针对其不同个性和能力，帮助其合理调整职业规划与设计，提高其相关竞争力，为就业选择预先做好准备；对毕业生，讲授就业形势、就业政策、就业信息、笔试或面试技巧等，帮助其确立适合自身实际的就业目标。

大学生职业生涯规划指导是一项系统工程，需要贯穿大学学习的整个过程。职业生涯规划指导的具体内容包括，根据大学生的兴趣、特长、爱好、性格、学识、技能、智商、情商及活动能力等建立相应的综合素质评估体系、目标管理体系、校园活动建设体系等，帮助他们树立人生的短期目标、中期目标和长远目标；引导大学生正确评价自己，探究职业兴趣，获取职业信息，拓宽学习范围，增加就业机会；鼓励和指导大学生参加实习和社会实践；开设就业指导课，向学生传授求职技巧；推荐大学生参加职业交流洽谈会，组织校园招聘与面试活动，指导大学生多种渠道就业；开展创业教育，积极为大学生提供创业信息，努力为他们构建创业平台，帮助他们进行创业设计，引导他们进行创业实践，为他们成功走向社会打下坚实的基础。

（四）大学生身心健康发展的培育者

大学生对辅导员"善察者"角色的期望排在了第二位，辅导员应高度重视这一角色的扮演，真正走进学生、了解学生，以增强师生间的理解性、通融性和共识性。唯有如此，才能实现师生心灵的沟通，及时把握学生学习、生活方面的最新动向，对学生心理特点进行有效掌握，进而为学生的健康发展提供指导性和建设性意见。

随着社会生活节奏的加快、生存和发展竞争的加剧，身心发展正走向成熟期的大学生的心理健康面临严峻的挑战。在新的时代背景下，大学生心理健康教育工作的重要性和迫切性被提升到从未有过的高度。《教育部关于加强普通高等学校大学生心理健康教育工作的意见》指出，加强大学生心理健康教育是新形势下全面贯彻党的教育方针、实施素质教育的重要举措，是促进大学生全面发展的重要途径和手段，是高等学校德育工作的重要组成部分。然而长期以来，在高考的调遣下，学校和家长在学生成长过程中往往只重视智力教育，忽略了对学生健康人格的培养。当前教育对象和环境的特点、高校的育人目标决定了辅导员必须扮演好学生身心健康发展的培育者角色，帮助大学生形成健全的人格，提高心理健康水平。

辅导员总在主动地向学生施加影响，这不仅体现为知识传授方面的影响，更为深刻的是对学生心理和人格的影响。心理素质良好、人格魅力高尚的辅导员，其自身的言传身教以及教育活动就可以启发学生的心灵，端正学生的思想，

更可以成为一种潜移默化的影响力量感染学生，促进学生积极主动地发展。同时还能使学生对辅导员产生发自肺腑的亲近感、尊重感、信任感和崇敬感，师生共同创造出一种平等、民主、和谐的氛围。

当前关于对大学生实施心理健康教育的主体，比较一致的观点是建立三级心理健康网络。一级网络由班级心理卫生委员及心理卫生骨干成员组成，发挥对心理问题迅速反馈、组织学生自助和互助的作用；二级网络由辅导员、班主任和院系党总支书记组成，发挥跟踪辅导、早期预防等作用；三级网络由学校心理咨询中心的专家组成，通过制订整体的心理健康教育目标、计划，给予一、二级网络以专业性辅导，有针对性地为大学生提供咨询服务。由此可见，二级网络承上启下，至关重要，而高校辅导员是二级网络的中坚力量。为此，辅导员要发挥自身优势，善于借助学生干部的力量，并充分利用网站、论坛等渠道及时了解学生的心理动态，及时把握大学生的群体情绪，了解不同学生的不同心理需求；掌握大学生心理问题的表现、成因和处理办法；运用心理学知识、技能指导学生调适心态，提高他们的心理健康水平，增强社会适应能力；指导学生科学、合理地安排课余生活，发展业余兴趣爱好，学会科学用脑，有规律地生活，增强体质，始终保持乐观上进的精神状态；努力成为大学生情感上的朋友，细致、耐心地帮助学生解决实际问题；通过课堂内外与大学生的接触、交流，引导他们以积极、开放、向上的生活态度面对社会、家庭、学习、恋爱等方面的困难和挫折；通过心理测试、心理咨询等手段，通过组织各种有益活动（如爱心访谈会、学习促进会、特困生帮扶等集体活动），有目的地引导大学生融入集体和社会，帮助其树立正确的生活理念。

（五）校园文化的创造者和促进者

文化是一个复杂的综合体，它是人类在社会发展过程中所创造的物质财富和精神财富的总和，包含着观念、知识、信仰、艺术、法律、道德、习俗以及其他一切作为社会成员的个体所应具备的能力和习惯。校园文化是依附和从属于社会大文化的一种亚文化，是以社会文化为基础，以校园为空间，以学生教师为主体，以校园环境和师生实践活动为载体，以精神文化为核心的一种社区性群体文化。从社会学角度来说，校园文化能规范学校成员的思想行为，进而促进整个社会文化的发展。从文化学角度看，校园文化既是物质的，也是精神的；既包括科学知识，也包括审美、娱乐等文化知识；既包括课堂学习，也包括课余实践活动。从学校自身来说，学校是文化气质、道德风貌、人文环境、科学氛围等和谐统一的有机体，单纯依靠知识的传授很难达到预期的教育成效，还需要通过校园文化的潜移默化作用，陶冶学生的性情。丰富多彩、健康向上的大学校园文化活动是广大学生陶冶情操、凝聚精神、升华思想的重要载体，是大学生锻炼成长的舞台，是高校进行素质教育的重要阵地。校园文化对于学生某些素质的形成，如道德素质、心理素质，往往比课程教学起着更重要的作用。一般来说，通过校园文化熏陶所形成的素质，往往更为深刻与牢固。

辅导员是大学校园文化活动的组织者、参与者和一定程度上的决策者，因而指导和协助大学生开展校园文化活动是辅导员工作的一个重要内容。因此，辅导员需要通过策划健康向上的校园文化活动来引导、培育新的校园文化，帮助学生增长文化知识、提高人文素质、丰富社会阅历，形成科学的人生观、价值观、道德观和审美观。总之，辅导员通过创造丰富的、健康的校园文化活动，可以为学生营造一个多彩的生活、学习、娱乐环境，从而积极强化高校文化育人的功能。

在校园生活中，辅导员还是学校与学生意见的沟通者与协调者。辅导员在处理学校和学生的关系时，不应偏离或违背学校的意愿导致自己的利益受损，也不应违背学生的意见使自己在学生中的威信、影响力下降。辅导员应看到学校与学生根本利益的一致性，本着实事求是的原则处理两者的冲突。既要让学校各级领导和管理部门更好地了解学生的发展需求与实际困难，又要让学生更多地了解学校的实际状况，理解学校工作的全局性与复杂性，最终使得问题的解决朝着"双赢"的局面发展。

（六）大学生社会化进程的引导者

社会化指个体通过与社会的交互作用，适应并吸收社会的文化，成为一个合格的社会成员的过程。社会化是通过个体的积极活动、自我意识的发展和与他人的交往而实现的。个体的社会化是个体在与社会环境的相互作用中，掌握所属社会的各种知识技能、行为规范、价值观念，获得该社会所要求的成员资格的过程，同时也是自我和个性形成和完善的过程，即从一个生物体的自然人转变为一个社会人的过程。

大学时期是大学生社会化、成人化的重要阶段，辅导员作为高校学生工作的组织者、管理者和教育者，在大学生社会化过程中有着不可取代的作用，是大学生社会化进程中的引领者。辅导员的榜样示范作用会激起大学生对其人生观、价值观等方面较为强烈的认同和模仿。"人们期望教师担负起道德指引和教育指引的作用，使学习者能够在大量的信息和不同的价值观中不迷失方向。"所以，在育人过程中，辅导员肩负着传递社会文化价值与标准的任务；辅导员需要通过自己的身体力行去说服、教育、引导学生，把各种外在的诉求转化为大学生自觉的行为；需要通过校规校纪及法律教育、主题思想教育等活动，对大学生进行纪律和责任教育；需要通过精神文明建设活动、行为规范活动等规范大学生的行为；需要通过形象设计活动陶冶大学生的情操。

第二节　高校辅导员的素质要求

一、"素质"含义探讨

（一）生理心理学概念

对于"素质"一词有多重界定，"素质"一词在《辞海》中的解释为"素质是白色的质地"和"本质"。《心理学大辞典》认为，"素质一般是指有机体先天具有的某些解剖生理特点，主要是神经系统、脑的特性，以及感官和运动器官的特性，是能力发展的自然前提和基础"。素质是心理活动发展的前提，离开这个物质基础就谈不上心理发展。素质以人的生理和心理真实为基础，以其自然属性为基本前提，这就表明个体存在着素质上的差异，这种差异是由个体不同的生理和心理成熟水平来决定的。素质在后天一定的教育和环境影响下逐渐发展形成并日趋稳定。

谈到高校辅导员应具备的素质，这里的"素质"一词不仅仅是一个生理学和心理学上的概念，它还包括教育学上的含义。当然，在教育学中，素质本来是作为教育的一个生理和心理前提，即所谓的先天遗传素质，这是教育学上延伸素质概念的逻辑起点。但"素质"本身，是一个具有模糊性的概念，它可以被高度而抽象地概括，被深入而浅出地意会，但不利于操作和量化。对于辅导员"素质"的要求，却是一个操作性和意会性都很高的人文行为，但素质本身的模糊性使这种要求变得比较困难。这里讨论的素质，是一种由人的实践活动、实践过程以及实践目标所决定了的，体现具体的实践环节、实践效果、实践影响的能力。

（三）高校辅导员面临的素质要求

高校辅导员面临的素质要求，与他们所处的社会大环境和教育的发展是密切相关的。与之前相比，无论是教育环境、教育对象还是教育目标导向，都发生了很大的变化。

1. 教育环境的新变化

教育环境是一种特殊的社会环境，既在宏观上制约着个体发展的方向以及水平，又对个体发展有着直接的影响。

教育环境既包括社会环境、人文环境，也包括校园环境。科学技术突飞猛进，信息技术和网络技术不断普及，国家不断加大对教育的投入，学校教育的软硬件配套设施不断得到补充和完善，青年受教育程度普遍提高，高校服务社会、社会服务高校的校地共建模式使得学生在成长过程中能够获取更多的教育资源和教育机会等，这些巨大变化对于大学生来讲，产生了不容小觑的影响。社会转型发展取得巨大成功的同时，会产生一些矛盾，会使某些个体利益受到一定的损害，如分配制度不完善、贫富差距偶然存在等。同是校园里接受高等教育的大学生，其存在着经济条件的天壤之别，经济困难的大学生数量已占相当大的比重。而相对严峻的就业环境也对教育提出了很高的要求。网络的普及，使得很多自由思潮泛滥，个人主义、拜金主义、无政府主义以及"武力解决一切"的思想在心理并不完全成熟的大学生中产生了一定的影响，甚至左右了他们的判断。这就对高校辅导员的能力素质提出了很高的要求。

教育同时也受到家庭的影响。"父母是孩子的第一任老师"，父母的价值判断、言谈举止、性格特点、处理问题的态度常常会潜移默化地影响自己的孩子。

家庭环境的变化主要表现在以下几点。

（1）家庭收入差距拉大

不同收入水平的家庭其环境有很大差异。从对一所高校在校大学生住房情况的抽样调查中可以发现，有的家庭拥有别墅洋房，但有的家庭三代同住一间小得可怜的房子，人均居住面积还不足 10 平方米。收入的差距导致家庭的环境迥异。

（2）父母对孩子的影响

享有改革成果并能较快适应社会转型的家庭，父母对于社会的看法也许会趋于积极和理性，但也存在为了适应改革而再就业的家庭，其承受的压力会相对大一些。无论怎样，父母都会给孩子带来很大的影响。

（3）家庭对孩子的期望值更高

计划生育的基本国策使得大多数家庭把所有的希望都放在了仅有的一个孩子身上。"苦什么不能苦孩子"的说法就是一个真实写照。一个家庭在孩子培养上的投资是巨大的，而这种投资所希望的回报也是很高的。这种高期望导致孩子很多时候不能按照自己的意愿成长，父母把自己未遂的梦想强加于孩子身上，"成龙成凤"的心态在绝大多数家庭中都存在。

（4）特殊家庭往往会影响孩子的健康成长

不断提高的离婚率对孩子的成长发展会造成很大的负面影响。单亲家庭或许会使孩子早熟，但或许也会使孩子的心理发展不够健全，这些或多或少都在影响孩子的成长。

2. 教育对象在发展

大学生普遍文化程度高，有自己独特的兴趣，但人生阅历相对较少，虽然有很强的自主独立意识，但自理能力相对较弱。

大学生中独生子女占多数。这些大学生个性鲜明，特征明显，他们身上寄予了全家人的希望，他们对于未来的生活充满了斗志和信心，积极向上、乐观开朗，有着"初生牛犊不怕虎"的勇气和魄力，能够为实现自己的理想去打破常规。但是在"理想照进现实"的过程中，暂时的挫折和失败也很容易使他们产生沮丧、逃避的心态，在自我情绪调整上有欠缺。他们追求理想但又害怕失败，他们崇尚传统但又特立独行，他们极具批判精神但又缺乏明辨是非的能力，他们身上体现着矛盾性。

面对这样的学生，如何更好地把握思想政治教育的方式、方向以及路径，是对高校辅导员提出的一个很大的挑战。

改革开放的不断深化，必然会带来收入差距拉大等社会问题，深深影响着人们的思想和价值观念。大学生从入校开始，就承受着学习、就业、竞争和经济等各方面带来的压力，再加上信息化程度不断加深，社会经济竞争愈演愈烈以及对经济利益的不正常追求，错误的舆论引导等都很容易让部分大学生产生不正常的金钱观和攀比心理，他们只想"一夜暴富""一夜成名"，希望出现"快餐式"的成功，忽视长远的规划，只满足于当下……这些因素都给辅导员工作带来了挑战，对辅导员素质的要求也更高。

3. 教育目标导向的变化

传统教育更多关注文化知识的传授而较少关注学生个人的发展。高校教育面对的是鲜活的极具自我意识的新一代大学生，在经过学校教育之后会走向社会不同岗位扮演不同的社会角色，同样的教育路径需要培养出不同的社会人，他们都会拥有自己独特的人生轨迹，扮演不可替代的社会角色，这就表明教育需要强调个性化。教育不仅要促进社会的发展，还要关注个人自身的发展，"以人为本"越来越成为大多数高校认同的人才培养理念。这就要求教育的形式要大胆创新，内容要与时俱进，要凸显个性，教育要体现创造性而绝非"流水线式的生产"。"每个人的自由发展是一切人自由发展的条件。"这是一种价值判断上的巨大转变，我们要把学生培养成富有创新精神的人，而不是过去的考试机器。我们要更好地把人文精神与科学精神统一起来，使学生能够在复杂、多变的社会环境里正确地进行知识选择和创新。

学生在"以人为本"的教育导向下，对教育有了更多的参与性和选择性，这种选择机会包括学习时间、学习方式以及学习内容等，学生的主体意识得到了空前的提高，学生获得了极大的学习自由。

在弘扬人文精神、唤醒主体意识、重视个体价值的导向中，如何做好高校大学生的思想政治教育工作？如何更好地实现对大学生的教育和服务？这些问题都对高校辅导员的素质提出了更高的要求，这种素质要求具有鲜明的时代特点，它要求高校辅导员成为青年大学生的学习导师、职业导师和人生导师。

二、高校辅导员素质发展的动态要求

随着社会的发展，高校辅导员的工作内容越来越丰富，涵盖面也越来越广泛。直至今日，辅导员的工作内容包括了思想政治教育、党建和精神文明建设工作、日常事务管理工作、心理健康教育、突发事件应急处理等。虽然工作繁杂，但责任很大，要求也很高，这就对每一位辅导员提出了极高的要求。

目前，辅导员年轻化是一个显著特点。高校辅导员队伍建设逐渐走向职业化和专业化，需要具有专业知识和实践经验的人才来提高辅导员队伍的理论水平和整体素质。越来越多的年轻辅导员走上了工作岗位。他们生活在社会转型期，生产关系急剧变革、经济飞速发展、现代化程度越来越高、网络迅速普及、经济全球化的影响越发深刻，多元的社会文化和思想冲击着新一代青年人的行为方式和思维习惯，对他们走向社会产生了很大的影响。

他们走向高校担任辅导员，必将会直接影响学生的世界观、人生观和价值的形成。辅导员与学生之间年龄上的接近、生活轨迹的相似，在做学生工作时有得天独厚的优势。但是，由于辅导员承担的事务性工作较多，客观上压缩了辅导员自身的政治理论学习时间，在理论方面掌握的知识不够全面，从而使得自己的政策、理论水平不高，有时在解决学生的实际问题的时候，缺乏理论指导和思想武器，力不从心，没有说服力。同时有一些新进辅导员是刚刚毕业的研究生，相对缺乏社会历练，自身的社会阅历和理论修养不足，很难在学生当中树立威信，更谈不上影响力和感召力了。

因而，高校辅导员首先要具备过硬的政治素质，坚定立场，坚定信念，能

及时有效、准确地把握时代脉搏。同时要有健全的人格，令人敬佩的个人修养，勤思考、大胆创新，而且要有坚强的意志、排除干扰的能力，在平凡中感悟幸福的乐观主义精神。这就是下面要讨论的政治理论素质、个人修养以及心理素质等。

（一）加强政治理论学习，把握发展动向

高校辅导员有时也被称为思想政治辅导员，政治素质是从事辅导员工作的灵魂，如果缺失了政治素质，就缺失了方向，就失去了引领，他的工作开展情况，必将令人担忧。高校辅导员的世界观、人生观和价值观以及政治立场和政治态度，直接影响学生的思想觉悟、道德标准的形成。辅导员本身要拥护党的领导，热爱社会主义祖国，坚持四项基本原则，保持清醒的政治头脑，具有鲜明的政治态度和坚定的政治立场，掌握正确的政治观点，具备较高的理论素养。在政治上明辨是非，保持政治敏锐性，在各种大是大非面前具有洞察力和判断力。

①作为一名高校辅导员，只有认真学习马列主义、毛泽东思想、邓小平理论、"三个代表"重要思想、科学发展观和习近平新时代中国特色社会主义思想，具有较高的理论修养，才能深刻理解党的路线、方针和政策，要在青年大学生中做好党的理论和政策的传播者，确保育人工作的方向性。

面对大学生在政治上追求进步的热情，辅导员唯有具备良好的政治素质，才能因势利导，保护好、引导好学生的政治热情，推动学生党建和思想政治工作顺利开展。

目前，高校新进辅导员的政治身份均要求是中共正式党员。但由于辅导员年龄构成呈现年轻化态势，所以党龄相对较短，没有经历过严格的党内生活和党性锻炼，部分辅导员会存在政治信念、政治立场不够坚定，对理论学习不感兴趣，理论素养较差等现象，他们有时不善于运用马克思主义的立场、观点、方法去分析和解决问题，给青年学生带来了不利影响，甚至也会给学生党建工作带来一些不利因素，有时难以保质保量地开展培养、考察、发展党员的工作，难以对学生进行有效的思想政治教育。所以，辅导员只有具有较强的政治素质才能顺利开展本职工作。

②辅导员要关注时事政治，了解国家大事和社会热点、焦点问题，掌握社会舆论动向，并能做出正确的判断，从而引导学生的思想和行为方向。同时，辅导员要能占领网络阵地，在虚拟网络空间第一时间把握学生的思想状况和言论动向，具有发现问题的敏锐性。社会瞬息万变，网络畅通使得各种信息汹涌

而至，辅导员要能够去伪存真，给学生提供及时的、有说服力的解释和引导，这是对辅导员政治素质的很大考验。大学生是一个思想极为活跃、占有极大信息量的群体，辅导员也只有即时更新知识，准确把握学生发展动向，才能使思想政治工作占有主动性并立于不败之地。

③辅导员自身政治素养的培养和提高，是为了更好地教育、服务大学生，将学生培养成国家需要的合格建设者和接班人。因而在自我加强政治理论学习的前提下，更要有传递、交流和教育的意识和能力。要能够运用一定的管理知识和策略开展工作。社会的发展使得大学生的个性特征有着显著的变化，这就使得辅导员的工作难度也不断增加。辅导员的工作要从管理教育逐渐向服务引导转变，一味地强制说服只会让学生产生逆反和抵触情绪。辅导员要能举一反三以一种喜闻乐见的方式和途径教育学生，能深入浅出地讲解党的路线、方针和政策，要能够充分尊重学生的个性，并最终真正发挥思想政治教育的作用，引领大学生成长、成才。

（二）提升个人修养，拓展思考维度

①提升个人修养首先要提高道德素养，着眼于辅导员职业道德的养成。辅导员工作是个"良心活儿"。在辅导员工作中，"良心"其实就是内在的职业道德和素养，这份"良心"能让自己耐得住寂寞、顶得住压力。"硕士毕业就当个辅导员？亏不亏？""忙里忙外像保姆一样"……这出自家人的询问，出自朋友的疑惑，更多的出自学生的无心之问。这种疑问可能会让辅导员对自己的坚持产生动摇，对自己的所有努力产生怀疑。但是，辅导员靠的就是一种对工作的热爱和忠诚，有些辅导员在待遇不高、发展前景不清，社会认知度受到质疑的时候，甚至还会遭到学生的投诉，但仍然勤勤恳恳工作、任劳任怨，靠的就是其内心的职业道德和职业素养。

②辅导员要引导学生注意校园文明，自己首先应是文明规范的遵守者。注重自身的举止文明，工作负责、为人正直、待人热情，正在成长中的大学生，随时都在用自己的双眼观察辅导员的一言一行，辅导员随时随地都在自觉不自觉地影响他们，成为他们模仿和学习的榜样。也许回到自己的家里，这些同为年轻人的辅导员也会回归"孩子"，也会撒娇、"会耍赖"、会逃避、会偷懒，但是这个岗位的要求使得他们必须迅速成熟，迅速在自己的学生中树立威信，成为他们的人生导师。

③热爱学生是做好工作的前提。有的辅导员对学生工作缺乏正确的认识，认为从事学生工作层次比较低，工作效果不能立竿见影，因而对工作的积极性

不高，投入的精力不足，应付了事，更谈不上主动思考，开拓创新。辅导员对工作是否投入，直接关系到他所服务的学生是否能够更好地学习生活与健康成长，因此，辅导员的工作态度格外重要。要把学生放在第一位，时刻想着学生，不计较个人得失，真正急学生之所急，想学生之所想；要能够克服个人因素全身心地投入关爱学生、服务学生的工作中；要像对待自己的孩子一样对待学生，为学生取得的每一次成绩骄傲，也为他们偶尔的退步担忧；要在学生寻求帮助的时候伸出援助之手，做好人生导师的角色；要经常地与学生交流，走进学生的心里，仔细观察学生的变化，有针对性地给予指导。

④由于高校思想政治教育面临的社会环境处在不断变化之中，辅导员的工作在管理和服务方面也要与时俱进、积极创新。在教育方式上要更多地采纳大学生感兴趣的手段。例如，现在比较盛行的微博等网络模式，拓展思想教育的渠道和平台，把握思想教育的主动权，深入了解学生的关注热点、情感特点等，保持网络信息渠道的畅通和更新。重视开展网络思想政治教育，以活泼、生动的方式开展爱国主义和集体主义教育。这些都要求辅导员要扩展教育的广度和深度，全方位地提升思想政治教育的针对性和有效性。

（三）增强抗压能力，提高幸福认同感

①抗压必然是因为已经存在巨大的压力。辅导员工作的压力来自方方面面。从外部讲，学生的成长和学业的完成是压力，家长对学校教育过高的期望是压力，千头万绪的工作及时有效地完成是压力；同时还有来自内部的压力，自身的成长和发展是压力，还有横向相比，与身边同龄人的竞争，也是给自身的压力等。由于新任辅导员相对是一个年轻人的集合，相互比较的压力也是不可回避的。在工作中还存在出力不见成效、努力不得回报的时候，每当遇到这些时候，抵抗压力、排解压力的能力就显得尤为重要。

②作为一名高校辅导员，首先就要对这个岗位有明确的定位和认识，对其职责要有全面充分的把握。但是，相当一部分辅导员把自身岗位当作"暂时性职业"，是就业的"缓冲地带"，会随时寻找机会变换工作；聘任辅导员的流程比较宽松，有些辅导员对工作的内容和途径、方法等缺乏了解，更说不上在此岗位上做出一番事业了；有些辅导员把工作简单化，认为只要把日常学生管理工作做好，或者被动地应付日常事务就行，思想政治教育工作没有得到足够的重视；有些辅导员责任心不强，认为只要"不出事"就可以顺利完成工作，工作态度比较散漫，不够细致、认真；个别辅导员自身修养不够，不能以身作则、言传身教，在学生中造成了不良影响。这些情况的存在，既是辅导员自身

面临的问题，从某种意义上说，也是辅导员自身面临的压力。

③幸福感的研究在国外比较早。国内的幸福感研究可以追溯到 20 世纪 80 年代。到了 90 年代，幸福感研究从中老年群体扩展到其他年龄段和职业群体中。"幸福是一种能力，是一种有关幸福实现的主体条件或能力"，是"人们在社会的一定物质生活与精神生活中由于感受或意识到自己预定的目标和理想将要实现而引起的内心满足"。

那么针对辅导员工作，增加幸福感首先就是要增强对岗位的认同感，要能充分认识到辅导员工作的重要性和崇高性，以及它对于大学生成长成才所具有的意义和作用，只有这样，才能从心底里重视这份工作，热爱这份工作。不能总是讲报酬、讲代价，更多的是要谈奉献、谈意义。因而，辅导员必须要发自内心地热爱这份工作，对事热心，对人热情；具有一定的牺牲精神，在学生工作中投入大量的精力和时间，碰到复杂状况或者难以解决的问题，要有无私的奉献精神，要有坚忍不拔的品质，要有全局意识和宽阔的胸怀，要有良好的工作作风和高尚的伦理职业道德；要能与学生同甘共苦，做到公平公正、刚直不阿、光明磊落、坦诚待人。只有这样，辅导员才能真正在工作中体验成功，收获幸福感，提高工作的幸福指数。

提升幸福感不只是一句口号，它受到辅导员的性别、年龄、受教育程度、工作年限以及收入差别等诸多因素的影响。同时更受到辅导员自身对工作的认识、认同和自我评价的影响，也受到社会给予辅导员工作的评价和定位的影响。辅导员要学会自我调适、缓解压力、调整心态，提高幸福感。

一名优秀的辅导员，必须愿意为学生倾注自己的全部心血。辅导员工作是一种默默无闻、潜移默化的育人教育，它需要积极主动的工作精神，需要倡导乐于奉献、作风民主、言行一致、谦虚谨慎、联系群众的思想作风和工作作风。辅导员要有敬业爱岗精神，真正做到"敬业爱生""立德树人""励学笃行"。

第三节　高校辅导员工作精细化理解

在讨论辅导员工作精细化之前，先探讨企业精细化管理的概念。精细化管理是发源于 20 世纪 50 年代的一种企业管理理念，它是社会分工和服务质量的精细化对现代管理的必然要求，是建立在常规管理基础上并将其引向深入的基本思想和管理模式，是一种以最大限度减少管理所占用的资源和降低管理成本为主要目标的管理方式。它是一种意识，是一种理念，是一种认真的态度，是一种精致文化的管理。精细化管理要求在工作中做到精、细、准、严。

中华人民共和国教育部曾分八个方面对高校辅导员的主要职责进行了描述，教育部《关于加强高等学校辅导员、班主任队伍建设的意见》中规定专职辅导员和学生的数量总体上按 1 : 200 的比例配备。可见，高校辅导员作为高校日常思想政治教育工作和学生日常管理工作第一线的工作者，面对着 200 个甚至更多的学生，要想高质量地完成工作，面临着巨大的压力和挑战。现代的高校大学生虽然思维活跃、自我意识强烈、善于表现自己，但相对来说心理较脆弱、受互联网文化影响较深，日常的教育管理工作更难开展。

辅导员工作是集教育、管理和服务于一体的系统性工作。不管从哪个角度来说，都要求高校辅导员能够保质保量地完成大学生的教育管理工作，在维护高校稳定的同时，促进大学生的全面发展，培养出社会主义合格的建设者和可靠接班人。在这样的工作量和工作质量要求下，辅导员如果采用粗放式的学生教育管理方式，虽然能够完成相应的工作量，却无法保证工作的质量。如果采用类似企业的精细化教育管理工作方式，在现实面前，面对如此琐碎繁重的教育管理工作，要求辅导员做到面面俱到，事事精细化，不管在时间上还是在精力上都是较为困难的。高校辅导员是大学生思想政治教育工作和大学生日常管理工作的组织者、实施者和指导者。不管是大学生的思想政治教育工作还是日常的事务性管理工作，它们都具有这些共同的特点：工作头绪多、工作量大、工作琐碎重复，并且现代学生教育管理工作的难度更大。企业精细化管理讲究专注地做好每一件事，在每一个细节上精益求精、力争最佳。然而，面对 200 名，甚至 300 名到 400 名的学生，面对如此繁重的工作量，面对突发事件，一个辅导员在有限的时间里面无法做到面面俱到，无法保证能做好每一个细节。但是，辅导员教育管理工作有规律可循，并且有轻重之分。只要把握住高校学生教育管理工作的规律和特点，抓住学生教育管理工作中的关键环节和重要节点，做到关键节点的精细化，往往能够事半功倍，在有限时间内高效地保质保量完成工作。

综上分析，在大学生教育管理工作实践的基础上，并结合现代辅导员的工作规律、工作特点、工作要求以及企业精细化管理概念，我们提出了辅导员工作精细化的概念。辅导员工作精细化是指在把握高校大学生教育管理工作的特点和规律的基础上，发挥高校辅导员的主观能动性，做到辅导员"面"上工作和"点"上工作的精细化。"面"上工作精细化就是要明确辅导员工作的具体范围，对辅导员工作有整体上的把握。这里的"点"上工作不包含辅导员工作中的每一个细节，而是指大学生教育管理工作中的"关键节点"的精细化。"点""面"结合的精细化管理，能将学生的教育管理工作做细、做精、做实，达到事半功倍的效果。因此，辅导员工作精细化是在借鉴企业精细化管理概念的基础上，结合大学生教育管理工作的规律和特点而采取的一种有益探索和大胆尝试，是高校大学生教育管理工作的新理念和新策略。辅导员工作精细化的目的是提高高校大学生思想政治教育工作和学生日常管理工作的针对性和实效性，更高质量地完成工作任务，进而培养出更优秀的大学生。

第四节　高校辅导员自身能力保障精细化探析

一、国家和高校对辅导员的重视

（一）国家对辅导员的重视

1. 涉及高校辅导员的相关政策文件

我国高校辅导员工作制度设立以来，国家一直高度重视辅导员的相关工作。特别是 21 世纪以来，在党中央的高度重视和教育部的正确领导下，国家出台了一系列涉及高校辅导员的政策文件，对辅导员的相关工作进行顶层设计，支持辅导员的队伍建设。

①为深入贯彻党的十六大精神，适应新形势、新任务的要求，提高大学生的思想政治素质，促进大学生的全面发展，中共中央、国务院于 2004 年 10 月 14 日颁布《关于进一步加强和改进大学生思想政治教育的意见》（以下简称 16 号文件）。16 号文件对加强包括辅导员在内的大学生思想政治教育队伍建设提出了明确的要求。16 号文件分意见、原则和任务三个方面，共计九大点三十个小点，就进一步加强和改进大学生思想政治教育工作提出了相关意见和措施。文件特别强调，"辅导员、班主任是开展大学生思想政治教育工作的骨干力量，辅导员按照党委的部署有针对性地开展思想政治教育活动，班主任负有在思想、学习和生活等方面指导学生的职责"。为了贯彻执行中共中央国务院的 16 号文件，教育部、卫计委、共青团中央以及中共中央宣传部等部门下发了一系列的配套文件，如《教育部、共青团中央关于加强和改进高等学校校园文化建设的意见》《中共中央宣传部、教育部关于进一步加强高等学校学生形势与政策教育的通知》等。中央颁布 16 号文件以后，高校辅导员队伍建设得到了前所未有的重视。

②为了贯彻落实中共中央国务院的 16 号文件，教育部专门出台了《关于加强高等学校辅导员、班主任队伍建设的意见》，就如何加强高等学校辅导员、

班主任队伍建设提出了四点意见，具体包括"加强辅导员、班主任队伍建设的重要意义""认真做好辅导员、班主任队伍的选聘配备工作""大力加强辅导员、班主任队伍的培养培训工作"以及"切实为辅导员、班主任工作和发展提供政策保障"。该指导性意见为各地教育部门和高等学校根据自身实际制定具体的实施意见和细则提供了依据。

③2006年7月23日，当时的教育部部长颁布了中华人民共和国教育部第24号令，通过了《普通高等学校辅导员队伍建设规定》。文件从总则、要求与职责、配备与选聘、培养与发展、管理与考核以及附则六个板块对普通高等学校辅导员队伍建设进行了顶层设计，对高校辅导员的角色及相关政策做出了明确规定。文件在总则的第三条特别强调，"辅导员是高等学校教师队伍和管理队伍的重要组成部分，具有教师和干部的双重身份。辅导员是开展大学生思想政治教育的骨干力量，是高校学生日常思想政治教育和管理工作的组织者、实施者和指导者。辅导员应当努力成为学生的人生导师和知心朋友"。该规定以中华人民共和国教育部令的形式发布，充分体现了国家对高校辅导员队伍建设的重视。

④教育部办公厅根据《关于加强高等学校辅导员、班主任队伍建设的意见》和《普通高等学校辅导员队伍建设规定》，制定了《2006—2010年普通高等学校辅导员培训计划》。该计划从指导思想、培训原则、培训目标、主要任务以及保障措施等五个方面对加强辅导员队伍建设进行了宏观指导，建立了2006—2010年辅导员队伍建设的长效机制，为我国高校辅导员队伍的持续发展提供了政策保障。

⑤2011年4月2日，教育部办公厅印发了《教育部高校辅导员培训和研修基地建设与管理办法（试行）》和《教育部高校辅导员培训和研修基地建设与管理基本标准（试行）》，通过这些管理办法和标准的执行来进一步加强高校辅导员的基地建设和管理，提高高校辅导员培训和研修的质量。

⑥《2006—2010年普通高等学校辅导员培训计划》的实施，使高校辅导员在职业素养、业务水平以及思想政治素质方面得到了大幅度提升，辅导员的队伍建设取得了积极成效，为我国高校的大学生思想政治教育工作和学生日常管理工作的可持续发展提供了强有力的保障。为了进一步提高辅导员的培训质量，推进辅导员队伍建设，中共教育部党组在2013年5月3日制定了《普通高等学校辅导员培训规划（2013—2017年）》。该培养规划从指导思想、主要目标、培训内容、主要任务以及保障措施五个方面对2013—2017年的高校辅导员培训进行了详细的规划。

⑦伴随着全球经济一体化的发展和西方意识形态的不断渗透，当今中国的社会结构、人们的价值观念和思维方式都发生了深刻的变化。高校作为培养人才的重要基地，能否做好意识形态工作，事关中国梦的实现和国家的长治久安。在这样的历史背景下，中央办公厅、国务院办公厅联合印发了《关于进一步加强和改进新形势下高校宣传思想工作的意见》。该意见内涵丰富，紧握时代脉搏，为我国在新形势下推进高校宣传思想工作进行了战略部署与安排。该意见明确强调，要加强包括辅导员在内的宣传思想工作骨干队伍建设。

2. 全国高校辅导员工作相关培训

为了贯彻执行中共中央、国务院以及教育部等部门颁布的辅导员工作相关文件，进一步加强高校辅导员队伍专业化、职业化和专家化建设，改进高校大学生的思想政治教育工作，教育部思想政治工作司每年都会举办全国高校辅导员骨干专题培训班、全国高校辅导员示范培训班、高校学生工作专题研讨培训班、全国大学生心理健康教育工作专题培训班以及大学生思想政治教育工作研讨培训班等。教育部思政司通过每年定期的辅导员工作培训讲授辅导员工作经验和工作规律，以提升辅导员自身的工作能力和职业素养，进而提升高校大学生思想政治教育工作和学生日常管理工作的效率。

3. 思想政治教育中青年杰出人才支持计划

为了培养一批坚持正确的政治方向、工作业绩突出、学术水平较高、理论宣讲能力较强的名嘴、名家，推出一批理论联系实际的有影响力、说服力的名篇、名著，提升思想政治教育的科学化水平，引导和鼓励中青年思想政治教育工作者注重理论水平和综合素质的提升，教育部思想政治工作司在最近每个年度都会实施"思想政治教育中青年杰出人才支持计划"。获得资助的中青年思想政治教育工作者将获得教育部思政司 3 年总计共 15 万元的经费支持。

国家颁布了针对辅导员的一系列政策措施，如全国高校辅导员工作培训计划、高校辅导员在职攻读思想政治教育博士学位专项计划、高校辅导员访问学者计划以及思想政治教育中青年杰出人才支持计划等。

（二）高校对辅导员的重视

随着我国高校辅导员工作制度的建立以及国家对高校辅导员的重视，在过去的五十年里，高校辅导员在高校中发挥的作用越来越大。在高校辅导员制度建立的过程中，特别是 21 世纪以来随着高校扩招，在校大学生人数急剧增加，大学生的思想政治教育工作和日常管理工作的任务越来越重，高校逐步意识到高水平且稳定的辅导员队伍是高校培养出高素质人才、维护高校校园和谐稳定的最为有力的保障之一。

二、高校辅导员自身管理需要精细化

高校大学生是祖国的未来和希望，他们承担着实现中华民族伟大复兴的重要任务，培养出德、智、体、美、劳全面发展的大学生是高校重要的责任。概括起来讲，一个大学生在大学期间，既要"成才"，又要"成人"，两者相辅相成，缺一不可。大学期间的成才教育工作主要由专业教师负责，成人教育工作主要由高校辅导员承担。因此，从这个意义上说，高校辅导员的工作非常重要。辅导员的重要性不仅体现在高校辅导员的概念里，在《普通高等学校辅导员队伍建设规定》等重要的政策文件里面，都有体现。

（一）高校辅导员的重要性已经成为社会的共识

在大学期间，大学生接触最为频繁的是辅导员老师。当大学生遇到困难，寻求帮助的时候，首先想到的也是辅导员老师。辅导员几乎负责了大学生在校期间的所有学习、生活等方面的琐碎事宜。辅导员的概念中提道，"辅导员是高等学校教师队伍和管理队伍的重要组成部分，是开展大学生思想政治教育工作的骨干力量，是高校学生日常思想政治教育工作和管理工作的组织者、实施者和指导者，是大学生的人生导师和知心朋友"。《普通高等学校辅导员队伍建设规定》也列了八项辅导员的相关职责。而现实中，不管是学校还是大学生，只要和大学生相关的事宜，都会找辅导员。高校辅导员作为一线管理人员，直接面对学生，是学校和学生之间的桥梁。很难想象，在我国现行的教育体制下，如果没有高校辅导员这个职位，相应的工作该如何开展。国外对应的岗位是窗口式的服务，如心理咨询岗位、就业指导岗位等，由学生主动提出需求，对应岗位给予相应帮助。我国普遍采用高校辅导员制度，主要原因包括以下几点：一是在我国现行的教育体制下，升入高校的大学生普遍自主能力较弱，因此在大学期间需要高校辅导员的引导和帮助，以为步入社会做好准备；二是我国高校的辅导员提供的不是窗口式的管理服务，而是主动式地帮助管理，这也充分体现了国家对在校大学生的重视，体现了社会主义制度的优越性；三是我国高校辅导员在管理好大学生的同时，更为重要的是还要肩负起贯彻党的教育方针的重任，负责大学生的思想政治教育工作。

（二）国家和高校对高校辅导员的管理需要精细化

辅导员是高等学校教师队伍和管理队伍的重要组成部分。然而不同于高校其他的行政管理岗位，面对几百个学生，管理工作任务艰巨，责任重大，辅导员的工作也绝不是简单、按部就班、生硬、被动、容易胜任的管理工作。不同于其他的专业教师，课堂是这些专业教师的主要阵地，辅导员对大学生的教育是不受时间和空间限制的。

辅导员负责教育和管理几百名大学生的工作，而教育的对象又是肩负起建设祖国重任的建设者和接班人。因此，不仅要把握大学生教育管理工作的规律，更为重要的是要用心和大学生沟通。从这个意义上来说，高校辅导员的工作更富有挑战性，辅导员工作是一门科学，更是一门艺术。

要做好高校辅导员的工作，辅导员自身必须具有高度的政治责任感、良好的道德修养以及健全的人格，除此以外，辅导员还要能够与时俱进，能够不断地丰富自己的知识结构，时刻充满着热忱，具备主观能动性。很难想象，一个缺乏主观能动性，政治责任感淡薄的辅导员能够做好辅导员工作。作为辅导员，内心要时刻心潮澎湃。

当自己的学生在学习成绩、学科竞赛、文艺表演以及就业等方面有好的表现的时候，辅导员内心的那种荣誉感是无法形容的，即使学生取得这些成绩不一定是辅导员自己的功劳，辅导员内心深处也总是希望自己的学生在各个方面都有优秀的表现。而当学生发自内心地感谢辅导员的努力付出时，辅导员会认为这才是工作中最大的满足，自己的一切付出都是值得的。对高校辅导员来说，只有从心底真正热爱这份工作，才有可能真正做好这项工作。

作为一个相对特殊和重要的工作岗位，高校要想保持住辅导员的这些初心和品质，就必须对高校辅导员进行精细化管理。这种精细化管理除了要落实国家和高校颁布的一系列措施外，更为重要的是让高校辅导员能够持续以高校辅导员工作为傲。而制定合理的高校辅导员工作质量评价体系，是对高校辅导员工作的认可和尊重，是保持高校辅导员初心和促进高校辅导员队伍健康可持续发展的关键。2006年，中华人民共和国教育部第24号令《普通高等学校辅导员队伍建设规定》中第二十二条对高校辅导员的工作质量考核做了说明，"各高等学校要制定辅导员工作考核的具体办法，健全辅导员队伍的考核体系。对辅导员的考核应由组织人事部门、学生工作部门、院（系）和学生共同参与。考核结果要与辅导员的职务聘任、奖惩、晋级等挂钩"。虽然目前国内很多高校按照教育部的要求已经制订了一系列和高校辅导员工作相关的评价体系，然而这些考核办法大部分是唯结果论。诚然由于高校辅导员工作的特殊性,高校辅导员的考核评价是一项困难的工作,特别在对于学生的思想道德教育方面,缺乏科学的评价手段。高校仍要坚持不懈地以人为本,多聆听一线辅导员的心声,通过定量和定性相结合、过程和结果相结合,实现多角度、多元化的评价方式,充分尊重高校辅导员,进而保持和提高高校辅导员的积极性、主动性和创造性,促进高校辅导员队伍健康可持续发展。

参考文献

[1] 张晶娟. 高校辅导员职业化发展研究 [M]. 北京：对外经济贸易大学出版社，2017.

[2] 苏亚涛. 高校信息资源管理研究 [M]. 合肥：合肥工业大学出版社，2017.

[3] 童文胜. 高校学生事务管理工作研究与思考 [M]. 武汉：华中科技大学出版社，2017.

[4] 王文杰. 高校学生事务管理工作案例选编 [M]. 北京：光明日报出版社，2018.

[5] 史仁民. 高校辅导员专业发展论 [M]. 北京：中央编译出版社，2018.

[6] 贝静红. 高校辅导员专业化发展实践研究 [M]. 北京：海洋出版社，2018.

[7] 李青. 高校师资管理研究 [M]. 天津：天津大学出版社，2019.

[8] 黄兆红. 信息时代下的高校档案管理 [M]. 延吉：延边大学出版社，2019.

[9] 荣仕星. 高校行政管理实例分析 [M]. 北京：中央民族大学出版社，2019.

[10] 杨大鹏，马亚格，罗茗. 高校学生工作管理创新研究 [M]. 北京：北京理工大学出版社，2019.

[11] 江利平. "平台＋模块"模式下的高校教学管理制度完善 [J]. 中国成人教育，2019（24）：21-23.

[12] 卢浩宇，潘中多，杨如安. 我国高校科研管理研究现状与发展态势 [J]. 中国高校科技，2019（增刊1）：7-9.

[13] 赵宏. 提升高校辅导员专业素养的路径分析 [J]. 西昌学院学报（社会科学版），2019（04）：120-124.

175

[14] 张超. 高校辅导员队伍专业化建设的几点思考 [J]. 智库时代，2019（增刊1）：24-25.

[15] 曾建萍. 新时代高校辅导员职业能力结构及其优化 [J]. 高校辅导员学刊，2019（06）：25-29.

[16] 李丹阳. 新时代高校辅导员核心素养提升研究 [J]. 智库时代，2019（52）：60-61.

[17] 蒋博，乔乔，荆宝家. 新时代背景下高校辅导员专业化职业化建设研究 [J]. 智库时代，2019（52）：66-67.

[18] 孙研，钟明涛，高璐. 大数据时代下高校辅导员工作的思考 [J]. 山西高等学校社会科学学报，2019（增刊1）：64-66.